●シリーズ 福祉に生きる

63

大《おお》場《ば》茂《しげ》俊《とし》

大場 光／著

おおぞらしゃ
大空社

お読みになる人へ

〝福祉は「人」なり〟という言葉があります。この言葉は、福祉を職業とする者、またボランティアとして活動する者、さらに市民として福祉を担い、同時に主権者として福祉を考えるものにとって、重要なポイントとなります。その「人」、とりわけ多くの先駆者、先輩から、私たちは自らの在り方をしっかりと学ぶ必要があります。しかし今まで福祉を築いた人々については、余り知られてきませんでした。とくに地方の人々については、とらえられることがほとんどありませんでした。著名な人でも、その人の人生の中で、なぜ、福祉が実践され、どのような想いで展開されたかについては、深く探究されたことは少なかったのです。それは福祉を学ぶ者、また福祉を願う者、福祉をうちたてる者にとって、さらに国民全体にとって不幸なことでした。

このシリーズは、以上のような状況に対し、新しい地平をきりひらくため、積極的に福祉の先駆者、先輩の伝記を改めて探究し、書きおろしたものです。

是非、多くの人々が手にされ、しっかりと読んでいただけることを、願ってやみません。

一番ヶ瀬　康子

目次

大場　茂俊

この事業に携わる人々は、皆執念の人でなければならない。
執念によってこそ、この道も拓かれる。

おしまコロニー創設者　大場茂俊

大場茂俊

はじめに

昭和二八（一九五三）年、北海道函館市の隣町、上磯町七重浜（現・北斗市、渡島《おしま》支庁は渡島に属する）に小さな保育園を開設しました。そこでの知的な障害をもった子どもたちとの出会い、それがはじまりでした。当時、このささやかな出会いが後に「おしまコロニー」という多くの人たちの「人生」が交錯する場を生むことなど想像できる由《よし》もありませんでした。

筆者（大場光《おおばてる》）も、「おしまコロニー」創設者である大場茂俊《おおばしげとし》とて同じだったと思います。大場の妻として共に歩み、「おしまコロニー」の創設とその歩みを支えてまいりました。感慨はひとしおです。

いま、手元に一冊の記念誌があります。

「軌跡」と題された、社会福祉法人侑愛会設立三五周年・「おしまコロニー」創立二〇周年記念に作成された記念誌です。

昭和六二（一九八七）年、昭和から平成へと時代が大きく動こうとするこの時期、開設から二〇年を経て「おしまコロニー」は「機能共同体」として一貫した施設群を整えました。それは、生まれて間もない乳児から、児童、成人、高齢者まで、各世代に応じた基幹となるべき施設が整備され「おしまコロニー」としてほぼ完成した時期にあたります。

この間筆者たちは、ひたすら歩み続ける毎日でした。ここに来てようやく自分たちの足跡を見つめる余裕がもてました。その足跡をまとめたものが記念誌「軌跡」です。

この記念誌ではこれまでの歩みのまとめと共に、大場たちを支え応援し力づけ続けてくださった多くの方々から、温かな励ましのお言葉をいただきました。本当に心温まるお言葉でした。

その最初に「寄せる言葉」として載せさせていただいたものが、当時の「日本精神薄弱研究協会」（現・日本発達障害学会）会長でいらした、秋山泰子先生からのお言葉です。

はるかにして中心的
実践的にして哲学的
個別的にして総合的
段階的にして系統的

夏のかがやき　冬のきびしさ
春のよろこび　秋の憂い
闘志　涙　かなしみ　いとしさ
地域的にして国際的
活動的にして静観的
分散的にしてセンター的
侑愛の里　おしまの故郷

ゆうあいの郷を空から

現在、「おしまコロニー」はたくさんの顔をもっています。

地理的にも「おしまコロニー」の施設や関係機関は、ベースとなる北斗市当別地区から半径約二〇キロ、北斗市と函館市にわたって展開され、主だった施設・関係機関は、三〇ヵ所を超えます。これまで、幾多の人生を支え、出会いの場となり、家族を見つめ、周辺地域の皆様からのお力添えに勇気をいただきながら、歩みを進めてまいりました。

結果として、秋山先生のお言葉のような、願いや思いに沿って、その支援体制を柔軟に組み替え、一人ひとりのニーズの違いに応じて「表情」を変えることのできる「おしまコロニー」が誕生いたしました。

創設者である大場茂俊は、この「おしまコロニー」を誕生させ育むにあたり、次のような使命と理念を与えました。

> 人間は常に未完成である、だから絶えず教育されなければならない。幼い子はもちろん、知恵の遅れた子等も恵まれた環境と指導のもとで、より大きく成長し、社会復帰も可能となる。
>
> この事業に携わる人々は、皆執念の人でなければならない。執念によってこそ、この道も拓かれる。
>
> 大場茂俊

この言葉は、志を共にする人々へ向けて、また多くは自らに課したものであったと思います。使命に対して一途でした。

平成一〇（一九九八）年、天に召されるまで七五年、この道一筋に、志を貫き通しました。

「障害をもつ方々の人生に、絶え間のない支援を…」、その時々のステージに必要とされる「生涯の支え」を「おしまコロニー」という形で実現しようとしました。

無名の一介の凡人にすぎない者が、神に護られながら、人々に助けていただき精魂こめて歩んできた人生、「執念の人」そのものです。

そこから筆者たちは大きなものを引き継ぎました。「おしまコロニー」という強い思い入れと、意思によって形作られてきた組織です。

形はいずれ時代とともに変わります。「おしまコロニー」もまたその時々に姿を変えていくことになるでしょう。しかし、時の流れに色あせず、受け継がれなければならないものもあります。身をもって示した愚直なまでの志と無垢な精神がそれです。

人から人へ、心の有り様、精神の有り様を、時代を越えて引き継いでいきたい。それを語り継ぐことが、残された筆者のたいせつな使命であろうと思っています。

ここでは大場茂俊を語りながら、自らの夢を形とした「おしまコロニー」について、その発展の歩みを振り返ってみます。

そこで得られた「共感」こそ、これから新しい時代を担い、新たな障害福祉を作り上げていくであろう人たちへの、道標となるだろうと思っています。少しでもその覚悟と姿勢に触れていただければ幸いです。

次代の人たちへ夢をバトンとして手渡していくために、今ここで少し、その生涯を綴ってみたいと思います。

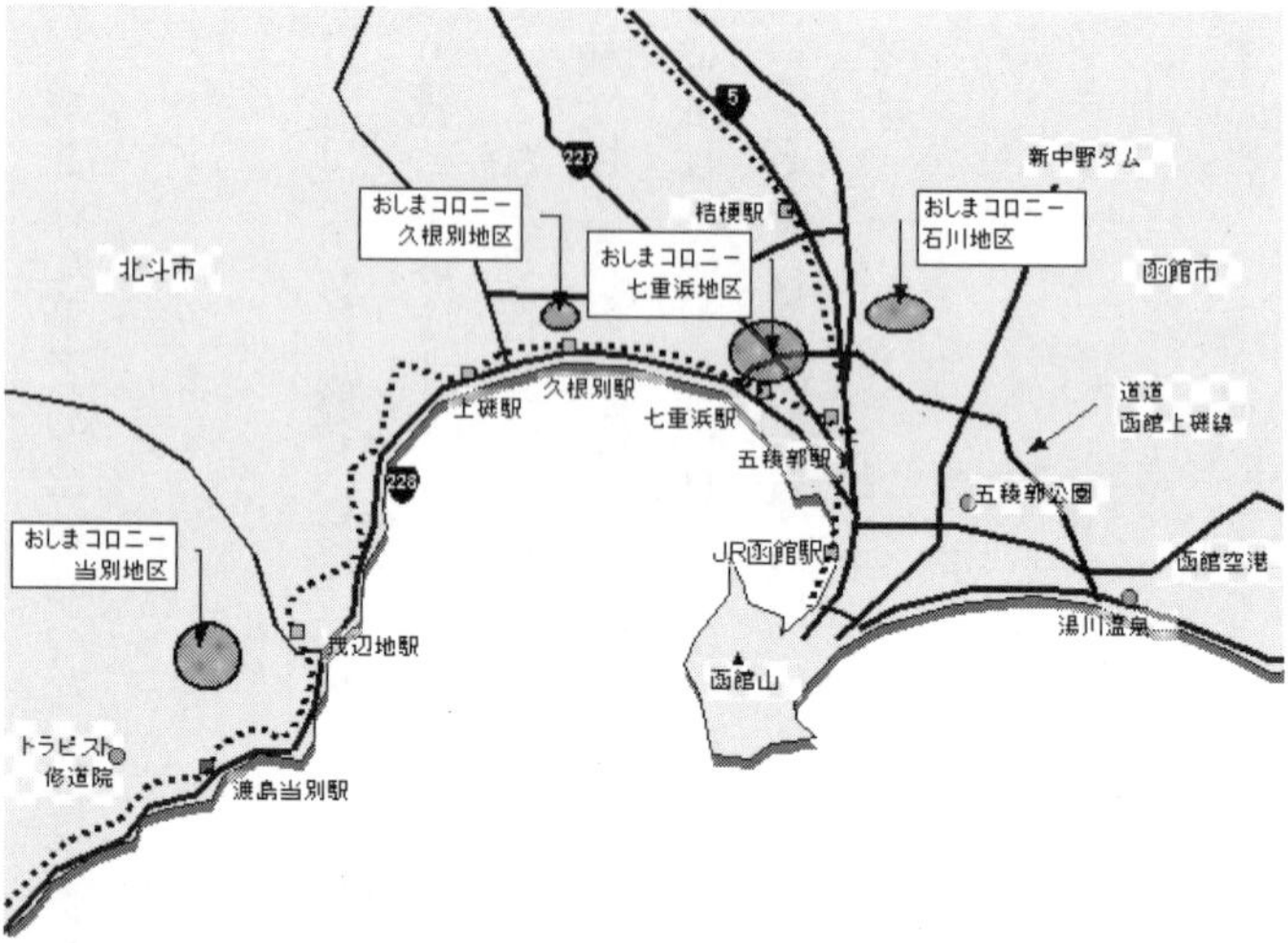

おしまコロニー各施設・機関の立地

第一章　生い立ちと青春時代

一　育ち

大場茂俊は、大正一二(一九二三)年四月、北海道樺戸郡月形村(現・月形町)で小学校の教師である父吉太郎、母シゲの長男として生まれた。きょうだいは四人で、姉が一人、妹が二人、唯一の男子であった。中学は旧制岩見沢中学校(現・北海道岩見沢東高等学校)に通った。

父吉太郎はすでに小学校の校長であったが、姉が病気だった。難病の姉を家庭で介護していた。姉の介護や療養費の工面といったことが重なり、家庭崩壊の危機を迎えることもあった。多感な少年時代、殺伐として暗く沈んだ家庭内の空気は耐えがたいものがあったという。

大場茂俊の家族・左から２人目茂俊（11歳）

大場は、当時のことを振り返り、言葉少なに「貧乏のなれの果てだ」といっていたが、そこには「病気の姉」を抱えての家族の葛藤、家庭事情の厳しさ、他人にはうかがい知れぬ苦しい事情があったようだ。

そうした家庭状況のもと、不幸は重なるもので、今度は自分自身が「肺結核」を患ってしまう。岩見沢中学の四年生の時であった。

「家を出る以外に、自分の身を救う道はないのでは…」と思い詰めていたところに、転地療養の勧めもあり、中学四年より休学して神奈川県の平塚に転地することになった。

当時を振り返って、「逃げるように上京した」と語っている。

この闘病生活の中で、人生について、生きるということについて思索し続けたという。家庭から離れ、自らの人生の指針を見つけようという強い思いがあったのだと思う。

軍国主義へとひた走る暗い世相、家族のこと、自分の病気、将来への漠然とした不安、それらを払拭するには、拠って立つ自らの強い意志が必要だと感じていた。

生長の家の谷口雅春の『生命の実相』という本を読むと、ご利益があると噂されて、病気が治るかもしれないと念じてむさぼるように読んだこともあった。この若さで死を意識せざるを得ない「病」をもってしまった必然が、生きたいという強い思いの発現としてそうした「読書」をさせたのかもしれない。

また、そういった中で、キリスト教社会事業家、賀川豊彦の『一粒の麦』

『地殻を破って』といった書物に出会い、熟読した時期でもあった。かつて北海道空知管内を遊説して歩いた賀川豊彦の自伝ともいうべき『死線を越えて』には、たいへん大きな影響を受け、その後、幾度となく神戸へ足を運ぶ動機となるほどであった。

さらに内村鑑三の著作にも多く影響を受けた。内村は札幌農学校を卒業して道庁に入り、辞して渡米し障害者施設で働いた。その中でキリスト教の信仰を求めて神学校で学び、帰国後、非戦論を唱えて、良心と正義感から腐敗した日本社会を痛烈に批判して、青年層を引きつけた。

この時期の大場にとって、追いつめられ、やり場のない精神の救済が、唯一書物の乱読だった。そしてその体験の数々が、その後の生き方に強い影響を与えた。後年、大動脈瘤の手術直前にキリスト教に入信したのも、若かりし頃、このキリスト教社会事業家・思想家、賀川豊彦・内村鑑三といった人たちとの出会いがあればこそ、それを決意させたものと思う。

二　「精華育英会」理事長　金子家綱氏との出会い

中学は病気休学していたが、幸い当時は、四年生修了で大学の予科の受験資格がもらえたので、大学に進むことができた。

昭和一六（一九四一）年四月に、中学四年修了の資格で日本大学予科法文科に入学、同一八年法文学部法律学科一年に進級した。親は地元、札幌の北海道大学に行くことを勧めたが、その頃まだ北海道大学には法学部がなく、弁護士を志していたため本州の大学を選択する以外の道はなかった。

病気による転地療養の身であり、そして大学進学といえば聞こえは良いが、これは一種の家出のようなものであった。当然、親に経済的負担はかけられるはずもなく、それ以前に病気の姉を抱える親は、経済的に仕送りなど到底できる状態ではなかった。家を離れた時から、自分で生活費、学費等々すべてをまかなう覚悟はできていた。

家庭教師や、外国映画のパンフレットの翻訳なども手がけて、病身にもかかわらず、懸命に稼ぎながらの勉学だった。その一生懸命さが良かったのか、いつの間にか、結核は快方に向かっていた。

昭和一八（一九四三）年、日本大学法文学部法律学科一年に進級したその年、当時実家のあった岩見沢市への久々の帰省を終え東京に戻る途中、青函連絡船への乗り換えのため函館に泊まった。

若き大場茂俊

函館の街でたまたま偶然目にしたチラシ、そのチラシが、育英事業を手がけていた「精華育英会」のものだった。

この偶然の出来事が、人生を大きく方向付けることになる。その時は運命的な出来事であったとは知る由もなかっただろうが…。

この「偶然に見かけたチラシ」が、縁もゆかりもなかった「函館」という地に、大場を赴かせ、年月を経てこの地に「おしまコロニー」が形作られていく。不思議といえば不思議な巡り合わせであった。

東京での苦学生活はやはりたいへんだった。返済義務のない育英資金は喉から手が出るほど欲しかった。すぐにチラシを頼りに「精華育英会」の事務所を訪ねた。

育英事業団体「精華育英会」は、昭和一二（一九三七）年、「金子家綱」という人物によって、函館の谷地頭町に生まれた。金子家綱氏（以下敬称略）は漢学者であったが、谷地頭で漢学を教えるかたわら、昭和八年、柔道と弓道の道場を開いた。平家の一門の血筋を引いた家系であることを誇りに、次代を担う若者たちの行く末を思い、青少年の育成には一方ならぬ情熱をもっていた。

道場を開いて四年ほど後に育英事業をはじめた。

当時のわが国の育英事業は、昭和一八（一九四三）年、「財団法人大日本育英会」が設立されるまで、公的な育英事業はなかった。民間としての育英事業はきわめて先駆的な取り組みであった。

この「精華育英会」の奨学金は、いっさいの条件なしで提供され、返済義務も、卒業後の拘束といったものもなかった。当時、民間の育英事業はいくつかあったが、返済義務や条件をもたないものはほとんどなかった。金子家綱は、泥沼の戦争へと歩みはじめた時代、北海道という地方にあって、それでも返済さえ求めぬ育英事業を起こした。それは金子家綱の清貧をいとわぬ誇り高い志があったからに他ならない。小さな育英事業に大きな理想を描いてのことだった。

当然のごとく、育英事業の資金は道場経営から捻出できるものではなかった。

資金を作るために金子家綱は、「カボチャの種」に目をつけた。捨てられる以外使い道のない廃棄物であった「カボチャの種」に、味付けをして食用として売り出した。物資の乏しい食料難が見えはじめた時代に、食用の「カボチャの種」は受け入れられ、国内にとどまらず香港まで出荷するほどの需要を生み出していた。

北海道というカボチャの大生産地を活かし、道内各地より大量に集荷し資金化して、「精華育英会」の財源としたのである。

奨学金は、対象学生を二〇名以内として、一ヶ月、二〇〜五〇円を支給した。当時、大卒銀行員の初任給が七〇円の時代である。「精華育英会」が学生に仕送りした奨学金だけでも、今の貨幣価値にすると、月に二百万〜三百万円、年に三千万円前後。北海道という地方にある名もない小さな育英事業が、これだけの資金供給を維持し続けることは容易なことではなかっただろうことは想像に難くない。

大場はその「精華育英会」の事務所を訪ねた。差し出した履歴書を見て金子家綱は、「ささやかな育英資金ですが認めましょう。早速送金しましょう」と即座に嬉しい返事を返してくれたという。掛け値なしの即断に胸を締め付けられるほどの感動を覚えたという。心に忘れがたく深く刻み込まれた出会いの情景となった。

時に、大場は一八歳、理事長の金子家綱は、五三歳であった。

三　金子家綱氏との交流

大場は、岩見沢の実家に帰省するたびに、「精華育英会」に立ち寄った。「家出同然」と表現できるほどの転地療養と大学進学であったが、だからといって家族を忘れたわけではない。やはり長男として家族の動向は常に気にとどめていた。機会があるごとに帰省しては家族の近況に触れていた。

そのような帰省の折には、必ず函館に降り立ち「精華育英会」を訪ねた。金子家綱は、純粋無垢な人柄であった。そうした人柄でなければ、生活することに精一杯の時代、育英事業を行おうなどという人はいない。「一人、我が道をゆく」、孤高の精神をもって理想を貫く強い意志がなければ、無償の所為は実現できるものではなかった。ただ若者たちが社会に役立つ人間に育ってくれることだけを望んでいたという。

なぜか金子家綱には強く惹かれるものがあって、函館を訪れるたびに、会うことが楽しみだったという。そこには自らの貧しさに手を差し伸べてもらえたという恩義以上のものがあった。ほのぼのとしたぬくもりが伝わってくる人間味、社会貢献への真摯な姿勢、貫く気高い精神に強く惹かれた。当時一八歳、人生でもっとも多感な時期の出会いであった。

この時期、社会事業家「賀川豊彦」の著書に親しむだけにとどまらず、子どもたち相手に「青空保育」を実践したり、セツルメントを巡っては社会事業に触れる学生時代でもあった。また一方で「精華育英会」を設立した金子家綱という人物によって、身をもって社会奉仕の尊さと救いを学ぶ機会を得ていたのである。

長い戦争へと突き進む暗い時代であった。金子家綱との温かな交流が、苦難の学生時代を乗り切らせるたいせつな「心の拠りどころ」だった。この体験一つひとつが、大場に、その後に続く福祉事業への「精神的な礎」を培っていった。

貧しさゆえに、才能があっても学べない若者たちが多くいた世の中だった。そこに神の無償の慈愛を見るような育英事業は、どれほど若者たちに勇気と可能性を与えたことであろう。大場は、こうした慈善事業の「心」を、だれよりも強く引き継いでいたのだろう。金子家綱も、そうした資質を見抜いていたのか、ひときわ愛着をもって受け入れてくれたという。

四　「精華育英会」の事業継承

昭和二〇(一九四五)年八月一五日、長く悲惨な第二次世界大戦が終わった。まだ日本は混乱の極みにあった。時代に翻弄され、その日を生き抜くことさえままならぬ社会にあって、大場は昭和二一年九月に日本大学法文学部法律学科を卒業した。

疲弊し、混乱を極めた社会状況の下、幸いにも大場は、当時の「物価庁」の事務官として採用され中央官僚の道を歩むこととなった。焼け野原、極度のインフレ、食料、生活物資は手に入らない。国が壊れていた。日本の経済活動自体が崩壊していた。そうした中「物価庁」は、大蔵省物価部から内閣直属の総理庁外局として設置され、政府で企画・立案された物価安定策の実施官庁であった。

当時の日本は、闇のルートで食糧や衣類などが動き、物価はうなぎのぼり、生活に困窮している国民の不満が渦巻いていた。なかなか進まぬ経済復興に労働組合の攻勢は激しかった。折しも官公庁や全産業の労働組合が提携して、昭和二二年二月一日、ゼネラルストライキ、「ゼネスト」を全国的に打ち出していた。

しかしGHQのマッカーサー最高司令官は「衰弱した現在の日本では、ゼネストは公共の福祉に反するものだから、これを許さない」として、ゼネストの中止を指令。これによって政府は危機的な状況から立ち直ったが、釈然としない思いを抱かせるものだった。GHQの占領政策と全国的な労働争議、狭間にあった若き官庁職員の大場、世の中のうねりに翻弄され、揺れる気持ちをなかなか静めることができなかった。

この騒然としたゼネストが中止となったこともあり、気持ちの整理をかねて実家への一時帰省をした。すでに大学も卒業し社会人となり、奨学金の受給も終了していたが、その時もまた函館に立ち寄り「精華育英会」を訪ねた。

自身この訪問が、自分の人生を決定付けることになるとは夢にも思っていなかっただろう。だがどこかで運命の糸がつながっていた。それは神の導きであったのかもしれない。その時、金子家綱は病床にあって、いつ訪ねてくるかどうかもわからぬ大場の到来をひたすら待ち望んでいたという。病の床に伏しながらも何か予感めいたものを感じていたのかもしれない。そこに突然の来訪であった。

訪ねた金子家綱の家は、いつもの雰囲気とは違い少し沈んでいた。突然の訪問にもかかわらず妻のヨツは、すぐに大場を枕元に案内し、寝込んでからというもの、「大場君に会いたい…、とずっといっていたんです」という。

金子家綱は大場の顔を見るなり、床から起き上がり、「精華育英会」に関わる書類、財産目録や通帳類を持ってこさせ、生涯をかけて育て守ってきた育英事業を受け継いで欲しいと懇願した。「育英事業の理念と事業を受け継いでくれるのは君より外にいない」と言う金子家綱に、突然のことで返事に窮したが、それでも自らの死期を悟っていたのだろう、執拗な懇願は心に重く響いた。

私利私欲のない方であった。後継者として、まだまだ若輩者であった大場を「精華育英会」の後継者にしたいというには、強い思いを託せる人物と見込んでのことだったのであろう。そして思いがけない訪問、単なる偶然とは思えない絆を感じとっていたと思う。

突然の申し出に大場は、「先生のお役に立つならば、どんなことでも致して頑張りたいと思いますが、しかし、若輩の私には荷が重すぎます」と答えるのが精一杯だった。何一つ心の準備もないところでの申し出である、だれしも即答できるものではない。ただそう答えながらも、彼自身もそこに大きな運命を感じていた。

死期が迫る中でも、なお、枯れることのない育英事業に対する強い想い、その懇願を断ることはできなかった。そして官庁職員としてのジレンマもあった。世の中の大きな力に流され翻弄されそれに従うだけの人生を由《よし》としない気持ちは大きかったのである。この金子家綱との交差した思いが、その後「精華育英会」を引き継がせることになったのであろう。最終的に申し出を承諾した。

この経緯が大場を以後、生涯をかけた社会福祉事業へ突き進ませた発端となった。

五　物価庁を退職し函館へ

函館から東京へ戻った大場は、熟考の末「物価庁」に辞表を出した。金子家綱の遺志を引き継ぐために…。

勤め先である「物価庁」の上司や同僚からは再三にわたって慰留された。その日の食料にさえ困る時代だった。将来への明るさなど感じることのできない時代だった。明日をも知れぬそんな時代に、民間育英事業を継承するなど、周囲から見ると無謀としか映らないのは当然のことだった。「育英事業を受け継ごうという君の純粋さは理解できるが、世の中はそんなに甘くない。悪いことはいわないから思いとどまれ」と何度も説得を受けた。

その時、だれよりも大場自身が、自分の選択が無謀であり困難であり、苦難を伴う道であることを感じていた。しかしあえて困難を選択する意味を熟考した上での決断であった。その覚悟は、なみなみならぬものであっただろうことは想像に難くない。

見舞ってから二ヶ月後、金子家綱は亡くなった。「金子家綱危篤」の報を受けて、大場は東京を後にした。

北海道へ戻る。「都落ち」と他人はいうかもしれない。しかしそこには迷いはなかった。

帰道の際、当時唯一の豪華客船といわれた「氷川丸」に乗り込んで、横浜から函館に向かった。それは当時としてはたいへんな贅沢であり散財であった。自分をすべて裸にし、そうすることで自分自身の気持ちに「整理」をつけようとしたのだろう。

その当時、大場は二人の妹を東京に呼びよせて共に暮らしていた。自分が北海道に戻るにあたり、二人の妹も東京を引き払い「氷川丸」に乗船させて帰道した。

妹たちがいうには、自分たちは楽しくて、船旅にははしゃいでいたが、兄はずっと寝てばかりいたという。それがとても印象に残っていたという。後から振り返ってみて、あの時兄は、悩み考えぬいた後、事業を引き継いでやるしかないと決心し、大きな覚悟を背負ってしまい、考えるところが大きかったのだろうと思う、と語っていた。

この氷川丸での帰路は、暴風雨のために予定より一〇日も遅れて函館に到着した。その時にはすでに、金子家綱の葬儀も終わっていたが、「精華育英会」の育英事業の引き継ぎは、生前金子家綱との話し合い通り、引き継ぐ段取りはできていた。

大場が手がけた社会事業の第一歩は、この「精華育英会」の事業を引き継いだ、昭和二二(一九四七)年四月がスタートである。二四歳であった。

しかし、覚悟を決めて引き受けたこととはいえ、育英事業の前途は予想以上に多難であった。

六　資金難とカボチャの種・大場製油所の開設

大場が育英事業を引き受けてまもなく、「精華育英会」創設時からの役員、宮岸・田沼・夏坂の三名が相次いで逝去された。まだ右も左もわからぬ中、後ろ盾となる人たちを失った痛手は相当大きいものがあった。ますます大きな負担と責任が被さった。世の中は貨幣価値の大暴落と金融封鎖による預貯金の凍結、それまでの「貨幣」が一夜にして、「ただの紙切れ」に替わってしまうご時世だった。「後を頼む」と託され渡された、国債や通帳に積まれた預金など、何の糧にもならなくなってしまった。資産運用など到底困難、学生に送る肝心の奨学金さえ底をついた。

すぐに金策に走り回る日々がはじまった。

志は高いとはいえ、まだ二四歳の若輩者である。身も心も切り刻まれるような毎日がはじまったのだ。

金策といっても、戦後の混乱期、他人の子どもを育てる事業にお金を快く出すような人はいない。世の中みな貧乏だった。余裕などあるはずもなく他人のことなどかまっていられる時代ではなかった。まして不動産といった担保も何ももたない育英事業に、金を貸す銀行などあるはずもない。金策はほとんど徒労に近いものだった。

それでも臆することなく、大場は地元の有力者を回った。

当時の函館市長・斉藤与一郎をはじめ、早くから福祉事業を手がけていた地元の重鎮、函館慈恵院（現・社会福祉法人函館厚生院）の宮崎大四郎といった方々を訪ね、資金提供を懇願し相談を重ねた。また東京の知人たちにも寄付を募る手紙も出しまくった。

この時、必死に駆け回り培った地元の人脈こそが、後々、函館に「地縁」「血縁」をもたぬ大場を支える強力なバックボーンとなった。

しかしどれほど悪戦苦闘しようと金策はそうたやすいことでなかった。様々な出資のお願いや、金策にかけずり回って他人を頼っていても事業資金などたやすく手に入るものではない。「精華育英会」の創設者、亡くなった金子家綱は、カボチャの種に目をつけ、「精華育英会」の原資としていた。大場は、やはり自分の力でお金を生み出すことでしか、育英事業を守り育てることはできないと気づいて、もう一度、その原点に立ち返り、「カボチャの種」で、再度、育英事業の存続を図ろうと考えたのである。

金子家綱が発案し事業化した食用として味付けしたカボチャの種から一歩進めて、時代に合わせ、カボチャの種から「食用油」を抽出して油を売

大場製油所玄関前で

ることを考えた。

「精華育英会」を引き受けてから半年、金策にかけずり回りながらの新たな事業展開であった。昼夜を問わず働きずくめの日々であった。

昭和二二年九月、函館市若松町に従業員三名を入れ「大場製油所」の操業を開始した。

この製油事業は、北海道農務課の勧めもあり、未利用資源活用奨励費として助成を受けることにもなった。また札幌の種苗会社(北種)の中に、「北海道南瓜種実集荷加工協同組合」を作り、組合長に滝川の郷作太郎氏、大場は自ら専務理事となって走り回り、全道からカボチャの種を集めるルートを開拓した。そして各集荷業者からは、種一升につき、三〇銭を育英資金として拠出してもらえることになり、「精華育英会」の育英事業の財源は、何とか確保できることになった。

懸命の働きで、カボチャの種は、毎日、貨車で全道から集荷されて来て、若松町の工場の倉庫はカボチャの種で満杯となるほどになった。創業から日を追うごとに、事業は少しずつ軌道に乗りはじめていた。その頃の大場は、陣頭指揮で猛烈に働き、北海道各地を駆け回る日々に明け暮れていた。事業の拡大に伴って人手が不足してくると、岩見沢で小学校の教師をしていた妹愛子も函館に駆けつけ、工場の事務を手伝ってくれた。

七　結婚と五稜製油所の設立

孤軍奮闘で製油所の事業が順調に軌道に乗り、銀行の信用もついた。

そんな時期に、大場の母シゲは、息子茂俊の結婚相手を探していた。そして筆者の母であり、シゲの友人であった「大谷ミユキ」の娘である筆者を「是非、息子の嫁に」という申し出をしてきたのである。

大場の母シゲと、筆者の母大谷ミユキとは、女学校時代から仲の良い親友で、学校時代は一緒に刺繍の大作を作り上げて周囲を驚かせたりして、共に過ごすことが多かったという。筆者の母がリウマチを患っていたこともあり、在学中から体調を気づかい、時々訪ねては力付けてくれるたいせつな親友だった。それは学校卒業後も変わらず続いていた。

大場も、まだ幼かった小学校の頃、母シゲに伴われて筆者の実家を良く訪れていた。幼い頃から、良く知る間柄であった。

そして、大場製油工場が創業をはじめてからまもない昭和二四(一九四九)年六月、大場は筆者(旧姓・大谷光)と結婚した。

後年、当時のことを、記念誌「軌跡Ⅱ」の対談「時代を語る」のインタビューで次のように語った記憶がある。

理事長(大場):小さい時から知っていたから、幼馴染みだね。

光夫人：母親同士が学校の友人だったのです。

理事長：どういうわけか、終始大谷家に連れていかれました。きっと行儀見習いのつもりで連れていったのでしょうね。

司会：そうしますと、何年か経て、後で会われる時期があるわけですね。

光夫人：そうです。私が銀行に勤めていた頃でした。事業をしていることに魅力を感じていました。私はサラリーマンの娘で、事業家にあこがれていたんですね。親は「堅い仕事」の方がいい。事業家なんて何時どうなるかわからないということですね。その頃はたいへんな仕事でしたが、どんどん仕事をしていました。道内をくまなくまわって、カボチャの種や菜種を集めて、種から油を搾りました。順調だったですね。若いのに良くやったと思います。忙しかったです。そんな状態だったので、結婚式もソソクサでした。

新婚旅行は筆者の実家のある札幌から定山渓を通り、登別から函館に、米を持参しての旅行であった。それは新婚旅行というより、実家から函館へ嫁入りのために向かったにすぎないあわただしさだった。

後年、札幌の筆者の父が亡くなり、書斎の後片付けをしていた時に、大場の父吉太郎が、筆者の実家に書き送った手紙が何通か出てきた。文面はどれも「茂俊の嫁に欲しい」というものであった。義父は本当にやさしい人で、息子のために手紙を書き送っていたのだと思うと胸が熱くなった。

そして新婚生活は、カボチャの種との出会いからはじまった。

この当時になると、大手の油脂会社との取り引きもまとまり、ますます仕事は忙しくなった。道内から種が集まってくると、毎日、近くを流れる亀田川の堤防で干すのが筆者の仕事だった。種は濡らすとふやけて、カビがはえて腐ってしまう。あつかいが、じつにやっかいだった。常にムシロを広げて種を干すことが肝心で、まして雨などは大敵だった。

今振り返ってみると、いくら若いといっても、よくこのような過酷な労働が続けられたものだと自分ながら感心する。

また種が大量に全道から送られてくる一方で、地元近隣農家の人たちも、自分の家の種を持ってきては、よく油と交換していった。

カボチャの種を集めるためにポスターもいたるところに貼った。最初は半信半疑の人たちも、種一合につき油一勺（約一八ミリリットル）、まだ精製の技術が未熟だったので黒い油だったが、甘くておいしい食用油なので、地元でも評判となり、みな喜んで交換していった。

「不用な種が油に変わります」

「集荷期日、昭和二五年三月」

カボチャの種募集ポスター

懐かしいポスターである。

カボチャの種を集めるために作成したポスターであり、いたるところに貼ってカボチャの種を集めた。

そして函館で「大場製油工場」を創業してから、約三年半後の昭和二六(一九五一)年三月には、上磯町七重浜に新たに油脂工場を購入し、「五稜製油株式会社」として操業をはじめた。

ここは戦争中、軍需食品工場で、戦後、銀行の担保となっていた物件であった。担保流れのために競売にかけられたものを銀行の紹介によって、一五〇〇万円ほどで落札した。当時の公務員の初任給が月六千円程度であったことを考えると、この一五〇〇万円という金額が相当な額であったことがわかる。

「精華育英会」を引き受けた当時は、金策に何度も足を運んだ銀行に、まったく相手にされず、悔しい思いをすることも多かった。しかし順調に業績を伸ばしはじめた製油工場によって信頼も得られ、事業拡大のチャンスも、資金も確保できるまでになった。

新たに確保した五千坪の敷地には、当時としてはめずらしい洋館風の住宅をはじめ、工場、倉庫などが建ち並び、立派な守衛室まであった。裏の門を開けると、一帯に函館湾に面した七重浜の海岸が開けていた。

それまでの住居があった函館市新川町から、上磯町七重浜に一家で移った。すでにその時には小学校を定年退職していた大場の父と母、それに妹の家族も呼びよせ一緒に暮らしはじめた。

時代は明るさを少しずつ取り戻しつつあった。連合国との講和条約もサンフランシスコで調印され、停滞していた経済もいたるところで復興の兆しが見えはじめた。移転した七重浜の油脂工場も時代の波に乗って、大きな機械が何台も入り、たくさんの人たちが働くようになった。

この間に取得した多くの不動産は、時を経て社会福祉法人侑愛会の貴重な財産となった。この財産（土地、建物）が、社会福祉法人の資産として、その後の多額の土地購入資金や、財務の捻出に役立った。この当時の不動産取得なくしては、現在の「おしまコロニー」はなかっただろうと思う。

八　戦後復興と時代変化の兆し

上磯町七重浜の工場周辺一帯は海岸沿いということもあり、一面の「イカ干し場」であった。

函館は、今でもそうだが、当時から「イカの街」であった。夏場、イカ漁の最盛期には、海風に乗った磯の香りとともに、干したイカのにおいが、街を覆っていた土地柄である。イカ漁と加工に携わることで多くの人たちが生計を立てていた。

夏場、ここから毎日、イカ釣り舟が何十艘と漁に出て、戻ってくる時には舟いっぱいのイカの水揚げ、浜は活気づき、戦場と化す。大人も子どもも、男も女も喧噪の中、イカの墨にまみれて必死に働いた。大量に水揚げされるイカをさばくために地元の人たちがかりだされた。

上磯町七重浜という地域は、決して裕福な土地柄ではない。大きな産業があるわけでもなく、夫婦が必死になって共働きをしてようやく生活を維持していけるような地域であった。そして暮らしと家計を大きく支えていたのが「女」たちだった。貴重な労働力として、働き手として地域経済を支えていたのである。みんな家族総出で必死に働き続けていた時代だった。

七重浜の油脂工場もイカ漁の最盛期には、敷地の一部をイカの加工場・干し場として近隣の業者に貸し出すほどだった。時に油脂工場よりもイカ加工場の方が忙しいほどだった。

油脂工場で働く主婦たちも、イカ加工場で働く主婦たちも、みんな家庭を支える立派な労働者であったし、彼女たちなくしては、油脂工場の操業も地元の水産業と加工業も成り立たないほどだった。

ただそんな働き手の主婦たちにとって、気がかりだったのが、自分たちの「子ども」のことである。イカ墨に汚れた母親の元に、まとわりつく幼い子どもたちの姿、子どもたちを母は叱り、子が泣く。そんな光景が日常だった。乳のみ子をおんぶし、周りを小さな子どもたちが走り回る。そうした中で母親たちは懸命に働いた。

「子どもたちのあずかり手が欲しい」、切迫した地域の働く母親たちの事情が、後年「七重浜保育園」開設の運動へと結びついていくことになる。

時代は、着実に戦後復興への力強さが見えはじめていた。時代の変化は同時に、それまでの貧しかった食糧事情も変化させた。復興の進展と共に、確実に食糧事情は良くなっていった。

この食糧事情の改善と反比例するかのように、米の代用食として大量生産されていたカボチャの需要は減りはじめた。当然、カボチャの需要が細ると、種の確保も難しくなってきた。食料統制もとけて、各家庭の食卓は豊かになっていった。人々の嗜好もまた変わった。カボチャの種の集荷が減り搾油も難しくなり、人々の嗜好は大豆や菜種等からの抽出油へと移りはじめた。

それでも昭和二七（一九五二）年に大場は、カボチャの種だけではなく、大豆等の油脂、雑穀等を取り扱う商事会社「三興商会」を、函館市若松町に開設して製品の多様化に努めた。以来、昭和三二（一九五七）年に「三興商会」を閉じるまで油脂工場は続けられた。

順調であった油脂工場に支えられてきた「精華育英会」の育英事業も、時代の変化とともに一つの曲がり角に来ていた。豊かさへ向かうことが、逆に育英事業の存続を危ぶむ状況を生むという皮肉な様相に変わっていった。

その頃、わが国における戦後の育英事業も、「大日本育英会」が「日本育英会」（現・日本学生支援機構）に名称を変更し、広く全国組織で取り組まれるようになった。すでに地方にある小さな民間の育英事業の意義は薄れてきていた。

「精華育英会」の役員会においても、社会情勢の変化を反映して、育英事業の存続に対する様々な意見が出はじめた。すでに「育英事業」が時代の要請ではなくなったという認識は役員共通の考えとなっていた。

そのため、現在、奨学金を送っている二〇余名の卒業を最後に、「育英事業」に終止符を打ち、新しい時代に合致した社会事業を、じっくりと考えていこうということになった。

大場たちもすでに、変わりゆく時代を確実に感じていた。

第二章　社会福祉事業への歩み

一　地域に保育園を

わが国では、昭和二二(一九四七)年、「児童福祉法」が施行され、昭和二六(一九五一)年には、「社会福祉事業法」が施行された。社会事業は、戦後ようやく、生活保護法、児童福祉法等の制定によって、新しい国作り、福祉国家構築に向けて法整備が進み、国民の前に打ち出された。

育英事業の行く末を含め、戦後の社会福祉事業の今後を模索していた大場にとっては、やっと策を巡らす基礎が整備されつつあった。

これらの法律の出現によって、保育所や、施設などの整備が可能となった。この頃ちょうど、育英事業の行く末にしても、また油脂工場の今後にとっても、大きな転換期にあった。今改めて振り返ってみると、さまざまな出来事が符合し重なり合って、新たな道へと導かれているようにさえ思える。何かが、確実に動きはじめていた。

当時の上磯町七重浜は、より大量のイカを手に入れるために、石川県から「石川船団」を誘致する運動に沸き立っていた。それが七重浜の戦後復興の旗印のようにもなっていた。大きな広がりをもって町内を挙げての運動となった。この加熱する誘致運動が盛り上がる一方、子どもたちを抱えた主婦が貴重な働き手となっている地域で、果たして大量に請け負った仕事を、うまくこなしていけるのかという心配もまたあった。心配を払拭し仕事を呼び込むには、母親たちが心置きなく仕事に励むことができる地域全体の環境作りが求められた。

子どもが、仕事をする母親たちにまとわりついては叱られて離れ、またすぐにまとわりつく、イタチごっこのような母と子の姿がこの周辺の日常風景であった。その頃はまだ、上磯町には保育園が一ヶ所もなかった。

この地域的な問題は、水産加工に携わる母親たちだけのものではなかった。油脂工場で働く主婦たちにとっても同様であった。子連れで工場に来て働く母親たちがほとんどだったからである。そんな子どもたちの面倒を見てもらえる保育園は、地域の母親たちの悲願であった。筆者たちもそのことを日々痛いほど感じてはいた。

保育園設置の強いニーズは、町内会の婦人部会をはじめとした、地域全体の保育園設置運動に発展していくまでに、そう時間を必要とはしなかった。すでに地域の機は熟していた。

ただ「運動」は盛り上がりを見せたが、肝心のどこに保育園を作るのか、作る資金はどうするか、ましてだれが運営するのか、といったことはまったく考えられていなかった。具体的な計画は白紙状態での運動だった。それでは当然、説得力に欠ける。しかし妙案は出なかった。

地元住民だけでは解決の糸口が見つからないまま、行き詰まりかけた保育園設置運動は、最終的に大場たちの元に持ち込まれた。

地域の強い要望を受けては、それを断れない。大場が傾きかけた育英事業を引き受けたのも、弱い者同士が互いに助け合いながら生きていくことをライフワークにしたいという強い志からであった。今、地域住民に請われ、相互扶助が必要とされている現実を無視することなど、その性格から到底無理な話であった。

白羽の矢が立った以上、やらないわけにいかない。

昭和二八(一九五三)年九月、「七重浜保育園」を開設した。この上磯町第一号の保育園は、筆者たちの住んでいた自宅家屋の半分を改造してのスタートとなった。

七重浜保育園が誕生する機運の中で、大場が理事長として金子家綱から引き継ぎ守り続けてきた「精華育英会」が終焉を迎える。「精華育英会」を解散し、事業にあてていた育英資金を新たな保育事業に転換する決心をつけた。役員の賛同も得られた。

それは新しい時代にふさわしい社会事業への転換を考えていた筆者た

ちにとっての大きな決断だった。金子家綱から受け継いだ遺志を新たな形に昇華させ、その精神を守り続けるために必要な一歩であった。

二「七重浜保育園」の開設

厚生省からの保育園の認可は意外に早くおりた。当時の保育所は、現在とは違い、法人格が不要だった。資産も個人所有のままで認可を受けることができた。

船出した保育園は、地域の母親たちの強い要望によってスタートしたとはいえ、土地も建物も大場たち個人所有の資産を充当したものだった。大場は油脂工場の経営と、保育園運営のための資金作りという新たな荷物を背負うことになった。そのため保育園初代園長は、小学校校長を退職し、岩見沢を引き払い同居をはじめた父吉太郎にお願いした。

実は父吉太郎は、札幌師範学校を卒業して教師として最初の赴任地が、

七重浜保育園

上磯郡上磯町茂辺地《もへじ》であったという。この「茂辺地」は、後年、「おしまコロニー」が作られる渡島当別《おしまとうべつ》に隣接する地区である。当時はまだ、函館から船で行き来をするという時代だったというが、後年、息子茂俊が「おしまコロニー」を創設した地に、父である若き吉太郎も赴任していたという偶然には、何か因縁めいたものを感じてしまう。

そして定年退職後、はからずも社会福祉法人侑愛会の発祥である「七重浜保育園」の初代園長に就任することとなった。

吉太郎は、長い教員生活で得た退職金もすべてこの保育園の経営につぎ込み、また母シゲも筆者も駆り出され、家族総出の保育園運営となったのである。

「七重浜保育園」は五〇名定員、町内会の婦人会から寄付されたオルガン一台と保母四名、ブランコは久保田製材所から寄贈を受けた。

しかし開園すぐに保母の給料の支払いにも困ることになる。今では到底考えられないことだが、役場から保育園に支払われるはずの「措置費」が来ない。来ても数ヶ月遅れという状態だった。「措置費」なしに保育園の運営などはできない。にもかかわらずそうした状態が続いた。戦後の復興が進みはじめた時期とはいえ、まだ日本国中どこもかしこも貧しかった。保母の給料を払うために父の恩給をあてるやら、油脂工場の収益を入れるやらと、金策の苦労は尽きなかった。

また保育料が当時、月額百円から八百円程度だったが、払うのがたいへんだといって、子どもを保育園に預けるのをあきらめる家庭もたくさんあった。地域の要望で作られた保育園を経済的な理由で利用できないというのでは、何のための保育園か。筆者たちは夕方、家庭を一軒一軒訪問し、保育の必要性を説得して歩いた。まだ保育園がどんなところなのか、役割すらわからない住民もたくさんいたのである。いくら貧しい保育園とはいえ、子どもたちの養育環境から見ても「放任・放置状態」よりは、確実に良かった。しかし子どもの教育に対する理解は決して高いとはいえなかった。

地道な説得が功を奏して、園児数もようやく定員五〇名に達したが、開設まもないこともあって職員も親たちも保育業務に慣れていない。保育の時間もあってないようなもの。帰園時間など守られるはずもなく、親が夜更けに迎えにきたり、夫婦ゲンカをしたといっては、夜、子どもを預けに来る親、そんな子どもに母や筆者が、添い寝をしながら一夜を明かすこともたびたびあった。しかし、それぞれの事情を抱えながら逞しく暮らす地域の人たちと、何一つ形式張ったところのない裸のつき合いがそこにはあった。今は、懐かしい思い出である。

保育園ではニワトリも飼った。父吉太郎にニワトリの飼い方をていねいに習った。当時の子どもたちの栄養状態は決して良い状態ではなかった。少しでも栄養のあるものをという思いから、ニワトリを飼いその卵を採って子どもたちの給食に役立てようと考えた。筆者は、ある時はニワトリを飼う飼育員兼調理員、またある時は経理でそろばんをはじく事務員、そして当然、保母にもなった。

忙しい大場に代わって家族経営の保育園経営の責任は筆者が負っていた。

七重浜保育園・こどもの日・鯉のぼり

その筆者を支えてくれたのが、義母のシゲだった。忙しさに手のまわらない筆者であったが、義母シゲから一度も叱責を受けたことも悪口や陰口をいわれた記憶がない。逆に励まされ、家庭も仕事も陰から支えてくださった。世間でいう嫁姑のいさかいというものがいっさいなかったのである。いたらない筆者でもたいせつにされてきた。

後年、この自宅兼保育園が、就労を支援する「はまなす寮」に変わった際にも、母シゲは大場たちと同居せず、この住み慣れた場所を離れずに残り、昭和六二(一九八七)年一〇月に亡くなるまで障害をもった人たちと一緒の暮らしを選んだ。心優しい父と母であった。

父母に助けられながら、右往左往の真っ最中の昭和二九(一九五四)年九月、ここ北海道道南、渡島半島を台風一五号(洞爺丸台風)が直撃した。保育園開設からちょうど一年後の出来事である。

大きな災害だった。死者・行方不明者は千百人を超え、目を覆う悲惨な出来事であった。台風の中、函館港を出航した青函連絡船洞爺丸は、出港後まもなく暴風雨のため函館湾に停泊したが浸水のため転覆した。仰向けに転倒し船底を見せた船から投げ出された遭難者や犠牲者が、七重浜に流れついた。「七重浜保育園」の隣接する海岸線一帯は、一面、犠牲者の遺体で埋め尽くされたのである。

「七重浜保育園」は、緊急の救援場所となった。この時、保育園の屋根も台風で吹き飛ばされていたが、かまっている暇などはない。遭難した方々のお世話に奔走した。戦場のようなあり様だった。

「台風海難者慰霊之碑」が、事故の翌年、七重浜七丁目に建てられ、現在も毎年慰霊祭がおこなわれている。

幸い、台風で飛ばされた保育園の屋根は、見るに見かねた上磯町青年会の人たちが協力して、応急修理をしてくれた。油脂工場の屋根も吹き飛んでしまったが、こちらの方も保育園の保護者たちが協力して、チャリティ演芸会を開いて募金活動をして修繕のための資金協力をしてくれた。地域の人々の温かさが身にしみる思いであった。

保育園開設から一年、地域住民の方々の援助によって、保育園の運営も少しずつ軌道に乗りはじめ、定員も年々増加して一二〇名もの子どもたちを預かるまでになった。

家族も、「七重浜保育園」開設の前年、昭和二七(一九五二)年に長女智子が誕生し、開設の二年後、昭和三〇年には長男公孝《まさたか》に恵まれた。

この保育園の開設というたいへんな時期に生まれたわが家の子どもたちも、「七重浜保育園」の中で、他の子どもたちと分け隔てなく一緒に育てられた。

保育園開設からの時間的経過と、大場家の「家族史」とは大きく重なり合っている。親である大場と筆者にとって仕事と暮らしが一体であったと同じように、二人の子どもたちにとって保育園は、「家庭」そのものであった。いやおうなく育ちの中に「福祉」が刻まれる環境の下にあったと思う。

仕事に翻弄されていた筆者に代わって、二人の孫たちの世話を母シゲがよく見てくれた。旅行や出歩くことの好きな母だった。美唄や上砂川などに友人がたくさんいて、孫たちを厭わずに連れ歩いてくれた。筆者の知らないこと（義父母のなれそめ等）を、子どもたちがたくさん知っていたのには驚いたりした。母から聞かされたのだろう。子どもたち二人にとって祖母は育ての親だったのかもしれない。助けられ、ありがたかった。

手の離せぬ忙しさの中、保育園は着実に地域に受け入れられはじめた。しかし、あまりにも多くのものを抱え込んで走り続けてきた苦労と葛藤は、決して小さなものではなかった。その頃から大場の身体も悲鳴を上げはじめていた。

昭和三八（一九六三）年九月、保育園開設から一〇年後に出された「七重浜保育園一〇周年記念誌」で、振り返って大場は次のように語っている。

「「七重浜」という言葉の響きは、きれいな砂浜となにかしら末広がりな縁起の良いイメージを与えますが、しかしこの「七重浜」の下に「保育園」という三文字をつけて「七重浜保育園」となると、途端に私たちには、苦しみの連続、やりたいことの十分の一をもなし得ない心のもだえ、いくたびもサジを投げ出したかった過去が浮かんできます」と…。

三　油脂工場の閉鎖と病気療養

あっという間に、怒濤の昭和二〇年代が過ぎ、社会状況も落ち着きを取り戻すのと比例して保育園も着実に地域に定着してきた。

しかしここに来て、戦後の混乱した時期を乗り切り、一〇年を経てきた油脂工場が、昭和三〇年代に入って苦しい状況を迎えた。銀行が保証していたはずの取引先から、代金の回収がままならなくなったり、従業員たちを煽動しては工場の人間関係を混乱させたあげく、製品の油を持ち逃げするといった輩が出たりと、決して順風とはいえなくなってきた。特に信頼していた従業員の裏切り行為は、善意を旨として生き抜いてきた大場にとってたいへん大きな衝撃を与えた。

また一方では、気まぐれな時代が持てはやしていた「カボチャの種」を、早まる復興のスピードの中に取り残していったのである。

こうした社会環境の激動期に、また新しい保育園の経営も加わった。資金源はやはり油脂工場の収益が頼りであった。単に一つの事業経営を考えれば良いわけではなかった。頼る社会事業の存続をも抱えながら、今後の方向性を見いださなければならない状況にあった。そのような中、最も大きな財源を支える油脂工場が問題を抱えはじめていた。

保育園開設一〇年の記念誌に綴られた苦悩に満ちた言葉、「…苦しみの連続、やりたいことの十分の一をもなし得ない心のもだえ、いくたびもサジを投げ出したかった過去が浮かんできます」という一節の深い意味がここにある。のしかかる精神的な重圧はいかばかりであったろう。

順調にきていた「五稜製油株式会社」も、大口の取引先であった函館の大手菓子メーカーが倒産し、資金回収もままならず連鎖倒産に巻き込まれた。油脂工場は閉鎖し、函館市若松町にあった店も債務整理のため手放した。しかし七重浜の油脂工場と七重浜保育園は難を逃れ守ることができた。

こうした苦悩はなぜか重なるもので、大場が体調を崩した。函館に赴いてからというもの、身体を休める暇なく走り続けてきた。激動の一〇年間、心身ともに無理に無理を重ねてきた。疲れがいっきょに吹き出してしまった。

一二歳の時、実家の岩見沢から搬送され、北海道大学付属病院で手術を受けた鼻の病気が再発した。激しい頭痛に襲われ、運び込まれた市立函館病院で緊急に手術を受けた。その後、二回の手術、計三回の手術を受けたが回復がままならなかった。

そんな時、ある知り合いの方が、函館市千代台で開業している「佐藤耳鼻科」を紹介してくださった。上顎蜂窩織炎(じょうがくほうかしきえん)という面倒な病とのこと。転院して即手術、一命をとりとめた。一刻をあらそう病状だった。後から聞いたことではあるが、脳膜にきわめて近いところだったために全身痙攣を起こし、医者が、「正直、ダメかと思った…」と述懐するほどの難しい手術だった。奇跡的に命拾いをした。

この病気を契機に、大場はしばらく静養する。「のんびりとしては…」と、釣り好きの佐藤医師の父上に誘われるままに、釣りに没頭。毎日、釣り三昧の日々を続けた。その静養期間、「七重浜保育園」の切り盛りは、すべて筆者がおこなっていた。しかしこの静養期間は、新たな活力を与えるに必要な時間だった。事業の失敗のみならず、志高く引き継いだ社会事業への思い、若さだけで走り続けてきたこれまでを振り返りながら、釣り糸をたれながら、明日への思索を巡らす日々であったろう。

また、命を落としかけた鼻の病は、少しずつ快方に向かったとはいえ、働き盛りの時期、回復までに多くの時間を要した。障害も残した。常に息苦しく、運動もままならなかった。就寝時は無呼吸とイビキが激しく、いつも安眠が妨げられ心身に大きな負担となった。それが他人からはうかがい知れないコンプレックスとなっていた。弱者に対する強い思い入れは、自身の病気と、心身の辛い体験も大いに作用していたと思う。

だが静養といっても、保育園の改築など地域の町内会と一体となった動きもあって、決して静かなものではなかった。そこでは大場が必要とされていた。

昭和三四(一九五九)年、保育園を託していた父吉太郎がガンで入院、病に伏せるようになった。病気の父に園長職は難しい。そこで大場が父の代わりとして保育園の園長を引き受けることとなったが、翌年の昭和三五年一一月、吉太郎は逝去した。大場はこの時から、社会福祉とその事業に専念することになる。

この本格的な保育事業への傾斜は「障害福祉」展開への契機となっていく。

四　障害をもった子どもたちとの出会い

大場は、たいへん子どもの扱いが上手な人だった。どこでそんなことを習得してきたのかと思うばかりだった。

七重浜保育園職員と

幼い子どもの「おむつ替え」など、若い女子職員はかなわなかった。当時の口癖は「おむつかぶれを起こさせるような職員は、保母ではない」だった。実にこまめに子どもたちの面倒を見ていた。まずは「子ども」、子どもが最優先だった。日々の子どもたちの暮らしに心を砕いた。

「七重浜保育園」は、地元住民の要望によって作られた保育園である。地元住民のニーズを受け止めることを何よりも優先させた。できる限りどのような事情の子どもたちでも必要とあらば受け入れた。

その中に、明らかに「知的障害」をもった子どもたちも入ってきた。大場たちにとって、障害があろうとなかろうと、預かった子どもはすべて「地域の子どもたち」だった。障害をもった子どもたちもその中の一人にすぎない。障害児であることは取り立てて特別なことではなく、預かるのは自然の成りゆきだった。

地元の子どもを受け入れ、家族を支えることが、保育園の使命だと考えていたので、障害のあるなしは、入園を断る理由にならなかった。隔たりなく障害をもった子どもたちも受け入れる「統合保育」は今でこそ一般的になったが、特別な意識ももたずに、さりげなくインクルージョン（受け入れ）を実践したわけである。

いつしか大場は、そうした子どもたちの個別指導をするようになった。庭に出て、石ころを拾いながら数をかぞえたり、園長室に招き入れては絵を描いたりと、発達の遅れを少しでも取り戻そうと、ことのほか目をかけていた。

しかし、成長した子どもたちの卒園後の進路が問題だった。どこにも行き場のない子どもたちが多かった。当時は、障害児の多くは就学免除となり、義務教育さえ受けられない時代でもあった。小学校に入学できても授業についていけず、学校でも放置され迷惑がられた。生徒たちからも「からかい」といえばまだいいが、いじめに等しい扱いもままあった。

そしてせっかく小学校に入学できたのに、保育園に戻ってきてしまう子どもたちもいた。

ある子どもは、「一つ、二つ…」と「三つ」がわかるまでに一年かかった。一年間保育園で過ごし、小学校に入学したが、学校になじめず登校拒否となった。学校の教師も理解不足で、すぐに母親が学校に呼ばれた。教師から出てくる言葉は「困った、扱いがたいへんだ」という言葉しかなかった。

不登校になった子どもたちが、困り果てた母親に連れられて、再度、「七重浜保育園」を訪ねてくる。保育園なら喜んで毎日元気良く通うので、働く母親にとっては保育園がなくては、一日も暮らしていけない状態になっていた。

戦後のあの激しい混乱は落ち着いたとは言え、障害児の育成を社会的責任の下に取り組もうとする機運には遠い社会情勢であった。

障害児と親たちが、いつのまにか大場の周りに集うようになった。

父吉太郎は、小学校で校長をしていた。大場自身も父親が校長である小学校に通学していた。その父は、級長であった自分の息子に、障害をもった級友の面倒を見させた。隣の席に座らせて身の回りや勉強のことなど学校生活全般を見させた。学級のだれも近寄らない級友の話し相手は大場だけであった。交流が幸いしてか級友は心を開いてくれた。

「やさしく接すると、やさしく微笑み返すんだよ」

それはよほど印象深い思い出だったのだと思う、ことあるごとに当時を振り返ってはよく話をしていた。

交流はいつしか学級全体におよんで、多くの級友たちが声をかけ、小さな心遣いをしてくれるまでになったという。

父吉太郎がどこまで意識して、息子に障害をもった級友の面倒を見させようとしたのかはわからない。しかし、それは幼い時の重く大きな原体験だった。教育者としての父の教育的配慮が、息子・大場茂俊にしっかりと受け継がれていたのだろう。そのような体験からなのか、保育園の障害をもった子どもたちに対して、人並みならぬ情熱を傾けていた。

乱暴な言い方をすると、五体満足の子どもは放っておいても育っていく。しかし心身に不自由な障害をもち、生きる力が弱い子どもたちこそ、他人が手を貸し力を分けてやることが必要なのではないか。お金がかかってもいい、同じ人間として生きていくことができるように、子どもたちがおかれた社会を、環境を、改善したい。

大場はしばらくの静養期間を経て、まだ気力、体力がままならない時期に保育園を引き受けた。しかし保育園の日常に身をおいてみると、そこには自分を必要とし手を差し伸べるべき人たちがいる。至らない世の中の不合理に身につまされる出来事や生き様が無数にある。それらを保育園という小さな世界に見た。それを大きな実感として受け止めた。障害をもって生きているからこそ、少しでも良い環境を整えていくべきではないかと、真剣に考えるようになった。

眠っていた若かりし頃の心躍る躍動感が、保育園の実践の中でまた目覚めはじめていた。

育英事業から保育事業へと転換し、地域の求めに応じて作った保育園、その日々の中に次に向かうべき自らの方向性を見いだしていたのである。

五　社会福祉法人「侑愛会」の設立

いつしか、「七重浜保育園」では障害をもった子どもも受け入れてくれる、という噂が、地元上磯町のみならず、函館市、大野町（現・北斗市）、七飯町といった近隣地域に広まった。

評判を聞いて、障害児の手を引いて親御さんたちが、次々と相談に見えるようになった。大場はどんなに忙しくてもそれを断らず、相談に乗り続けた。行き場のない当時の親たちは藁をもつかむ思いだったのだ。それをよく理解していた。親身に話を聞き、一人ひとりの状況を詳しくノートに取り続けた。

大場もまだ手探りの状態だったので、障害児を抱える親たちを伴って「函館手をつなぐ親の会」に入会したり、児童相談所を訪ねては地元の福祉事情を調べたりと、手当たり次第にさまざまな団体や機関とのかかわりをもちはじめた。

しかし、調べたり話を聞くにつれ、怒りを覚えるほど、北海道道南地方の障害児福祉の現状はひどいものだった。障害児を受け入れ、専門的な療育をおこなっている施設など皆無に等しい。経済状況や他の事情でどうしても家庭を離れて施設入所を余儀なくされた人たちは、親元を遠く離れて地方の施設にいかなければならない。絶対数が不足している施設に入所できるのは、宝くじなみの確率であった。

大場は、あまりの福祉の貧困さに憤慨しつつ、悩みを抱え行き場を失った親たちを励ましながら、上磯町に「上磯町手をつなぐ親の会」を結成した。

「上磯町手をつなぐ親の会」への入会は、保育園に通う障害児の親ばかりでなく、全町的に障害児者の親たちにも呼びかけた。大場と筆者二人で手分けして一軒一軒訪問して、親たちの理解を求めていった。親たちも理解すれば結束するのは早かった。しかし、中には何を警戒するのか、無関心を装って入会を拒む人もいないわけではなかったが、まずは孤立する親たちの結束をはかるために説得を続けた。

それと平行して、地元の青年たちを結集して「函館ＢＢＳの会」をまとめ、青年たちの活動の場を作り、地域そのものの活性化を指向していった。「七重浜保育園」は、いつしかいくつかの地域活動をまとめ、推進する中核的な役割を担う拠点となっていった。この「ＢＢＳの会」の中心メンバーの一人が、後に「おしまコロニー」の社会自立への道筋を構築し、地域

函館 BBS の会

生活展開の先駆的な役割を果たした「武田幸治さん」である。

障害児療育に不足しているもの、ないものは、自分たちの手で用意していかなければならない。他に頼っていては困窮した福祉状況を変えることはできない。親の切迫した要望はますます大きくなる。その声に押されるように大場は覚悟を固めていった。

しかし、限界も感じはじめていた。まず、障害児の専門的な支援をおこなうには、自身がまだまだ知識不足であった。手探りの療育だけでは限界があることを感じはじめていた。またもう一方で、個人経営の「七重浜保育園」では、おのずと事業の限界があることも痛感していた。「障害福祉」へ踏み込むためには、社会的な責任を明確にして、個人経営から法人化への脱皮が必要だった。

そう感じてからの行動は早かった。

社会福祉の法律のこと、対象となる障害児者の生活指導について、また更生指導や援助育成などを系統立てて、どう取り組んでいくべきなのか、専門的な勉強が必要だと、地元、北海道教育大学で心理学を受講した。昭和三六(一九六一)年には、上京して日本社会事業大学に短期入学。社会福祉主事資格を取得するなど精力的に動きはじめた。講義の合間をぬっては、全国各地の福祉施設を訪ね歩き、勉強を重ねた。筆者も刺激され、昭和三七年に保母資格を取得し、自動車の運転免許も取った。筆者は三七歳だった。今でこそ運転免許をもち、女性が車を運転するのはあたり前の世の中になっているが、その当時、女性が運転免許を取るのはたいへんめずらしい時代でもあった。車を運転しているとびっくりされたものである。役場や渡島支庁などへ、筆者が運転して忙しく走りまわる日々だった。

そして、社会福祉法人化を進めた。

油脂工場経営で取得していた土地・建物を新しい法人にすべて寄付し、それを基本財産として「社会福祉法人侑愛会《ゆうあいかい》」を、昭和三八（一九六三）年六月に申請し、その年の一〇月に厚生大臣より認可を受けた。初代理事長・大場茂俊、時に四〇歳であった。

この法人の申請をする前に神戸に出向いた。学生時代に多大な影響を受けた、キリスト教社会事業家として著名な「賀川豊彦」が活動していた街だったからである。若い頃、「賀川豊彦」を敬愛し、神戸の貧民窟を歩くほどに傾倒していたとは聞いていた。後戻りできない、法人化への迷いを払拭するための旅だった。

「侑愛会」の「侑」は「にんべんにある」と書く。「人が有って」「愛」がある。侑愛会の「侑愛」は、人と人の慈愛を表す。そして元々「侑」には、「たすける、すすめる、むくいる、ゆるす」という意味がある。「愛」は、無私、無償の慈愛を示す。

世の中の隅に追いやられ、とかく忘れられがちな障害をもつ子どもたちにこそ、無私の慈愛をもって接していきたい。報われるものなど期待せず、この子らと共にあることによって、筆者たち自身も救われる愛でなければならない。ともに育ち合う社会を目指したい、という願いを込めて名付けたものであった。

さらに障害福祉への飽くなき関心は海外にまでおよんでいった。

六　海外視察と「コロニー」構想

「七重浜保育園」に障害をもつ子どもたちを通わせる親たちからの、「施設が欲しい」という声はますます大きくなっていた。親たちは、結成された親の会活動を通して情報交換をはじめた。自分たちの子どもの将来をどうすべきか、やはり専門的な療育が受けられる施設が地元に欲しい、要望は親たちの共通のニーズとなっていくのは必然的な流れだった。

筆者たちは、法人化申請をおこなった昭和三八年六月、時を同じくして海外視察の旅に出た。ヨーロッパ、アメリカの障害児者施設を、約一ヶ月間にわたり訪ね歩いた。

欧州視察旅行へ出発

わが国は戦後の復興期にあったとはいえ、まだ国力は弱かった。福祉事情となればなおさらで大きく遅れていた。やはりこれから将来を踏まえて障害福祉を考え構想を練るには、先進的な取り組みを学ぶことが是非とも必要であり、欧米先進諸国の実情を知ることがたいせつだと考えた。

当時、まだまだ外国旅行は

自由ではなかったし、ドルを確保するにも制限があった時代である。それでも大場は、海外視察団の話をもらい、応募のための論文を書き、選考の末、参加者に選ばれた。この視察には、当時、札幌医科大学教授で道立札幌整肢学院長・河邨文一郎教授ともご一緒し、当時の厚生省児童局の植村つる児童課長からも出発前に助言をいただき、また訪問先の施設のご紹介を受けて旅立った。

植村つる児童課長は、旅立つ大場たちに、「わが国の保母たちを諸外国で研修させるために、各国に援助をお願いして欲しい」という要請さえあった。今考えると、日本はまだ発展途上の国だった。そしてこうしたことも付け加えられた。

欧米諸国では、発達していた施設の中に「施設のホスピタリズム」が問題にされているが、こうしたことも勉強してくるようにという話もあった。まだ施設さえ社会的に不十分なわが国にあって、すでに施設自体が抱える問題を視野に入れての視察を助言されたのである。

施設とて万能ではない、問題をしっかりと見てきて欲しいということであった。この植村つる児童課長のお話と符合するかのように、すでにヨーロッパ、特に北欧ではノーマライゼーションの考え方が台頭しはじめた時期であった。

訪問先の一つデンマークで、ノーマライゼーションの提唱者であるバンク・ミケルセンが、障害者も、みな一緒に地域の中で生きることを説く姿に新しい時代の到来を予感した。そして考え方は衝撃的でもあった。この鮮烈な印象は、その後に続く「おしまコロニー」を貫く「施設から社会へ」という思想的背景となっていく。

そして、もう一つ視察旅行から帰国後こだわったことがある。敷地の広さである。広さは十万坪。

オランダ・アムステルダムの施設を見て、一人あたりの居住スペースの広さに驚いた。日本より国土の小さなオランダでも、広大な土地に施設が建ち並んでいた。小さく粗末な施設の建物で、窮屈な暮らしを余儀なくされていた日本の障害児者施設とは、雲泥の差であった。あまりにも差がありすぎた。

美しく整備された広大な土地に建つ施設群に圧倒され、自分の施設作りにはどうしても、十万坪の土地が必要であると考えはじめていた。

「障害をもった人たちの総合的な施設」を建設するためには、それぞれの年代や障害の程度に応じた、施設や設備や機能が必要とされる。用意するには最低でも十万坪という土地の確保がなければ実現できない。

大場はすでに、「おしまコロニー」の姿を見ていた。

それからというもの、寝ても覚めても、十万坪の土地に描かれた施設群の姿が、頭から離れなくなった。言い出したら、他人のいうことなど聞かない人だったので、いかに無謀な構想であるかといわれても、耳を貸そうとはしなかった。

昭和四一（一九六六）年当時に描かれた青写真（八八頁）には、児童と成人の施設、養護学校、小舎棟、青年寮、アフターケアセンター、診療所と治療棟、小公園、農園、酪農、授産施設、テニスコート、職員住宅等々が記載されてあった。

それはやはり知らない人から見れば、無謀そのものであった。

古い青写真

（古い原図より複製）

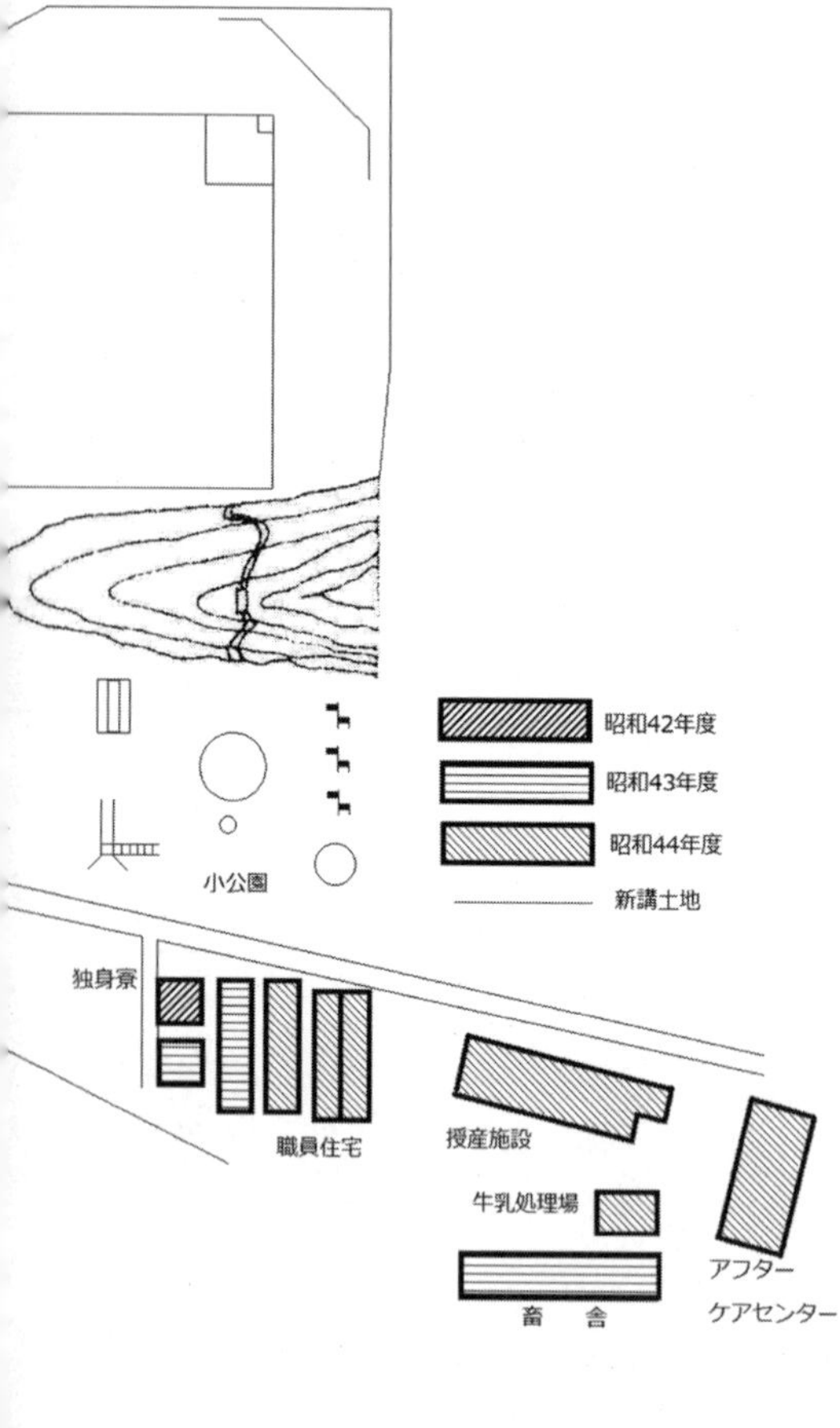

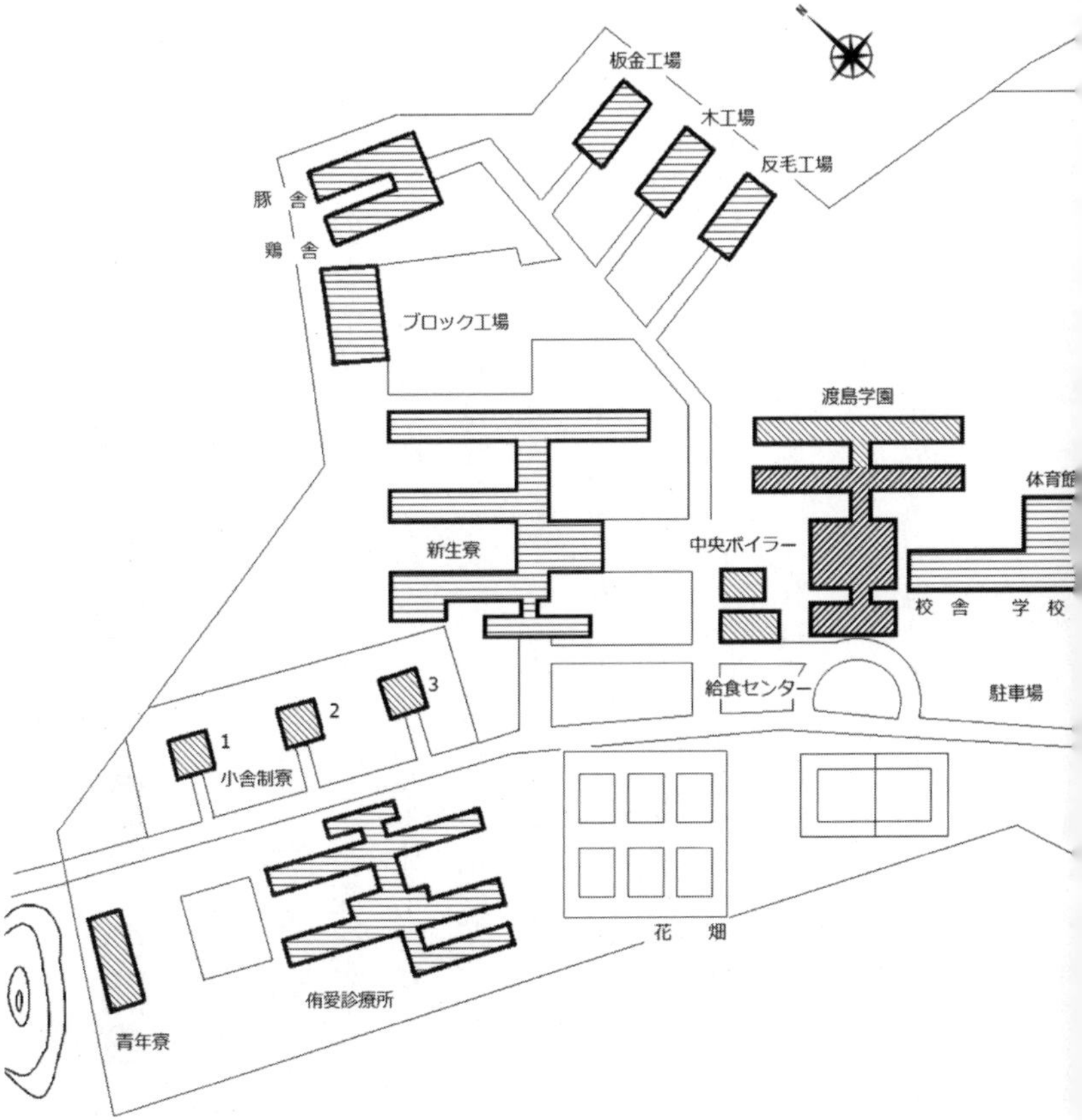
板金工場
木工場
反毛工場
豚 舎
鶏 舎
ブロック工場
渡島学園
体育館
新生寮
中央ボイラー
校 舎
学 校
3
2
1
小舎制寮
給食センター
駐車場
花 畑
侑愛診療所
青年寮

七　十万坪の土地探しと「当別保育園」の開設

帰国後、ただちに土地探しに奔走する日々がはじまった。大場は行動を起こすと止まることを知らない人だった。まず近いところからと、「七重浜保育園」のある七重浜地区からはじめ、少しずつ範囲を広げ、近隣の大野町、七飯町、上磯町と探しまわったが、細かく地主が分かれており、まとまった大規模の土地は見つからない。戦後の農地改革で広い土地はすでに手放されており、十万坪などという広大な土地は見当たらない。何日もかけ、筆者の運転する車で見て回り、とうとう「七重浜保育園」から、国道を走って約一八キロもある渡島当別《おしまとうべつ》まで足を延ばした。

渡島当別には明治初期から男子トラピスト修道院があった。童謡「赤とんぼ」を作詞した三木露風も二十代後半、文学講師を務め、ここでカトリックの洗礼も受けている。

トラピスト修道院の丘から津軽海峡を見下ろす広々とした牧草地、鐘の

当別の丘から函館山を望む

音の聞こえるこの一帯の土地が入手できれば最高だと、上磯町をはじめ議員さんたちに仲立ちを依頼してトラピスト修道院に交渉にあたった。依頼から一週間後、トラピスト修道院から返事が入った。

「そういった事業なら是非ご希望に添いたいところだが、実は、学校用地等に土地を寄付した上、戦後の農地解放で、多くの人々や信者たちに貸していた土地を解放してしまった。フランスの本部から、これ以上、財産を減らすことはまかりならぬという指示で、他土地をお分けすることはできない。

のことでの協力は惜しまないし、あなた方と異なったやり方で、あなた方の社会事業の成功を祈る役割を果します」という話だった。

こうした断りの返事が来ても、「何とか、トラピストの鐘の音の聞こえる土地」を入手したいという願いは消えなかった。

実はこの地を、昭和二六（一九五一）年、糸賀一雄先生が三七歳の時、訪れていた。「この子らを世の光に」というあの有名な言葉を残された、わが国、障害福祉の父である。この時、糸賀一雄先生がわが国ではじめての「農業コロニー」構想をもって訪れられた場所がここ「渡島当別」であった。

大空社の『シリーズ福祉に生きる5　糸賀一雄』（野上芳彦著）の巻末にある「年譜」（一一頁）にも次のような記述がある。

「夏、コロニー建設の土地を求めて北海道に飛び立つ。（函館の西、男子のトラピスト修道院の近くにあるというK男爵の土地を見る目的）。これより二七年にかけて北海道に熱中する。」

「K男爵」と記載があるのは、「川田龍吉男爵」のことで、ジャガイモの品種である「男爵イモ」を日本にもたらし、北海道の農業近代化を進めた人物である。今ではJR江差線渡島当別駅の裏手に「男爵資料館」があり、当時の資料が展示されている。

糸賀先生も、この地に立って農業を基本においたコロニーの夢を見た。そして一六年後、同じ障害者のコロニー作りを胸に秘め、大場もまたここに立っていたのである。晩年、「おしまコロニー」に糸賀先生の言葉を刻んだ碑を建てた。これもこの「縁」を深く感じ入ってのことだった。

だが十万坪の土地など右から左にそう簡単に見つかるものではなかった。

昭和四一（一九六六）年、渡島当別にあった日本電信電話公社（現・NTT）の無線中継所が無人になるので、その土地と建物を払い下げるという。当別地区には消防の事務所を借りてささやかな季節保育所があったが、地域では常設の保育所が欲しいという声も上がっていた。大場たちのところに上磯町から、この電々公社の建物を使って保育所をやらないかと打診があった。渡島当別とは何か見えない糸がつながっていたのかもしれない。さっそく見にいくと、高台に位置し石別小学校の向かいにあり、津軽海峡を見渡せる景観、とても良い場所だった。すぐに払い下げを受けて保育園の工事を開始した。

ところが工事を請け負った業者が途中で建築を投げ出して逃げてしまう。代金は手形で払い込み済み、本当に困ってしまった。窮状を見かねた下請けの業者が、江差で建設業を営む知り合いの社長さんに頼んでくださり、後を引き継ぎ完成させてくれた。この温かな善意には心から感謝した。

多難な船出ではあったが建物は六月には完成し、昭和四一年七月一日、「当別保育園」が無事開園を迎えた。園歌は「七重浜保育園」の保母たちが自分たちで作った。保育園は当別地区のみならず、少し離れた釜谷地区からも大勢の子どもたちが来た。交通の便が悪かったこともあり、当時としてはめずらしく職員が車で送迎をおこなった。保育園は定員オーバーの日々が続いた。大場が初代園長となり、保育園の管理人室に泊まり込みで園児の保育にあたった。当別地区の人たちは朝が早い。早朝からイカや魚

当別保育園

が捕れた、ワカメを採ったからと親たちが管理人室に届けてくれた。とても好意的に接してくれた。

その後、施設作りに多忙を極めるようになった時期、筆者の小学校の恩師、山岸敏先生が、札幌から函館に移り日吉町にお住まいだと聞き、無理をお願いして二代目の園長をお引き受けいただいた。昭和四四(一九六九)年から二年半でしっかりと「当別保育園」の基礎を作ってくださった。

地元の保育園として一時は八〇名もの子どもたちが在籍していた当別保育園だったが、今では過疎化が進み一〇名ほどの小規模保育園となっている。

筆者たちは「当別保育園」の実践を通して、当別地区の地元住民との交流を深めていったが、再度また、電々公社から別の土地を無償提供してもよいという話が上磯町から届いた。トラピスト修道院からの土地提供は困難となっていたが、施設建設のための土地探しはずっと続けていたし、当別保育園での地元とのつながりもあったのですぐにその話を受けた。

この土地に知的障害児施設「当別学園」建設を考えたのである。

八　施設建設反対運動と「おしま学園」の開設へ

さっそく大場は、上磯町に知的障害児施設建設を申請すると、議会は満場一致でそれを採択した。これを受けて日本自転車振興会に、新しい障害児施設「当別学園」の青写真をもって補助を申請。五百万円の補助も決定した。

ところが地元からまったく予期せぬ反対運動がおこった。「精薄施設お断り」と上磯町住民大会で一部住民が決議したのである。それを受けた渡島当別石別町内会は、上磯町議会に施設建設反対の請願書を出した。地元、北海道新聞にも賛否両論の意見が次々と掲載されるにいたり、上磯町全体を巻き込んでの論争となった。

大場たちは理解を求めるために住民集会に出向いた。毎日のように町内会をまわりビラを配り、障害をもった人たちへの理解と、施設建設への協力を訴え続けた。反対派のお宅を訪問しては怒鳴り返され、数え切れないほどの辛酸もなめた。

当時、知的障害に対する世間一般の理解はきわめて低かった。その無理解が「周囲の人たちに危害を加える」とか「近くの小学校に悪影響を与える」といった根拠のない感情的な反対運動となっていた。「知らざることによる偏見」だった。

しかし反対運動に臆することはなかった。身近で障害をもった子どもた

コロニー建設用の広大な用地

ちと接してもらえれば、誤解は必ず解けると確信していた。

町議会は、石別町内会が提出した施設建設反対の請願書を否決。施設建設を再度支持したが、反対派はなお住民大会を開き、再び請願書を町議会に提出。町議会は臨時議会を招集して再審議となった。

施設の建設予定地が、道路を隔てた小学校の向かいにあり、知的障害児の施設が近くにあると「危険」であるという。しかし大場たちは、小学校が隣であれば、相互に育ち合うという統合教育の観点から一般の子どもたちにとっても教育上、大いに意義があると主張する。互いの主張は平行線であった。

騒動は連日のように新聞をにぎわせていた。北海道新聞「朝の食卓」というコラムに、地元、茂辺地地区出身の詩人・鵜川章子さんが、大場たちへの応援の文章を載せてくださった時には、たいへんな反響があった。全国の方からの応援のお手紙やら寄付をいただき、「こちらに土地があるから使わないか」といった申し出もあった。電話の応対はたいへんだったが、理解ある人たちから大いに励まされ、力づけられた。

対立が硬直した中、大場たちは、むやみに激化させることを望んでいたわけではない。まして反対派と対立している時間的な猶予もなかった。

そこで大場たちは苦渋の決断をする。当初予定していた小学校向かいの土地への施設建設を撤回したのである。しかし、施設建設をあきらめたわけではない。当別地区の別の土地に施設を建てることを考えたのである。

元々大場の構想は、「障害をもった人たちの総合的な施設」の建設だった。十万坪という広大な土地に施設群を展開する構想であった。

反対運動にあった無線中継所跡地の話がある前から、あちこち土地を探しまわっていた。トラピスト修道院から沢を一つ隔てて、国道から一キロほど山側に入ったところに、戦後、樺太から引き揚げてきた人たちの開拓者村があった。ここの土地を手に入れようと、すでに地主と交渉中であった。当初計画していた「当別学園」がはじまったら、広い土地で子どもたちと一緒に農作業をしようと考え、所有者の高山さんと交渉中だった。

地主の高山さんは、すでに娘さんが東京に出て夫婦二人暮らしとなって、土地を手放したいと思っているところに、泥棒に入られたりと心細さを感じていた。そうした事情もあって、土地の買収話もとんとん拍子に進み、まず、三万五千坪を購入。その後、周辺の地主と次々に交渉し、最終的には十万坪の土地を確保することができた。それが現在の「おしまコロニー」のある場所「ゆうあいの郷」である。

はからずも、反対運動にあったがゆえに、新たな広大な土地の確保と施設建設、そして夢であった十万坪のコロニー構想への着手、「おしまコロニー」構築への基礎が整ったのである。

しかし大きなもう一つの問題があった。「お金」である。当初計画していた電々公社の跡地の「当別学園」なら改築費用は、決定していた五百万円の補助金で当面しのげるが、買収した開拓者村の土地で、すべてを新しく施設を建設すると、当初予算の一〇倍の五千万円はかかる。しかしそんな大金はどうにも出せない。

困り果て、筆者の実家にも頼み込んでみたが、「そんな海のものとも山のものともわからぬものに大金を出す馬鹿などいない」と相手にもされない。ほとほと途方に暮れてしまったが、推し進めてきた計画を白紙に戻すことなどできない。前に進む以外に新しい展望も、みんなの願いも形にならない。

悩みに悩んだ末、五千万円という当時としては破格の借金を背負い込んで、知的障害児施設「おしま学園」を建てることを決断した。この決断は筆者たちが日々金策に走りまわることを覚悟することを意味した。

確保した土地にある売れそうな木を一本一本かぞえ、いざとなったら売ろうとか、今では笑い話になりそうなことを当時は大まじめに考えもした。お金を借りられそうなところは、どこにでも出向いた。大場が行くと居留守を使われるほどだった。

一度断られた筆者の実家へも、筆者に内緒で出向き、生前贈与の無心をしたりと、なりふりかまわなかった。知った時には、情けない思いと切なさでいっぱいであった。このことをきっかけに、一時、筆者の実家とは行き来が途絶えた。函館の地には縁者、知り合いをもたない筆者には、やり場のない気持ちを吐き出す場所さえなかった。

時々、やり切れなくなった時は、一人、車を運転して、函館山の麓、立待岬までいった。岬から広く続く津軽海峡を眺め、織りなす崖と岩肌に砕ける波を見つめた。赤く咲くハマナスの花に慰められもした。

いつも考えるのは、無謀とも思える大場の発想とその行動だった。しかしいくら考え続けても言動を「間違いだ」と言い切れない。一途で無垢なだけなのである。それ以上の言葉が浮かばない。いつも結論は、大場の「正しさ」を形にしていくしかないということであった。そんなとりとめのないことをしばらく考えると少し心が軽くなった。

一時、行き来が途絶えた札幌の実家であったが、昭和四四（一九六九）年には、突然、父が訪ねてきた。筆者は、父を「ゆうあいの郷」に案内し、筆者たちが心血を注いで取り組んでいる事業を見てもらった。すでに開設から二年経ち、地に足のついた取り組みになっていたし、それ以上に父は、社会福祉事業にかけた、筆者たちの情熱に心を打たれたようであった。

その後、筆者の父大谷信三からは贈与の話があった。そして陰から静かに見守ってくれた。

幾多の苦労を重ねて手に入れた十万坪の土地に立ち、眺める風景は格別なものだった。トラピスト修道院の建つ「丸山」を背に、前面には津軽海峡が見え、青函連絡船をはじめ大小の船が行き交うさまは、まさに一幅の絵だった。

施設建設用地の杭

そして広大な草原に一本の杭が打たれた。「社会福祉法人侑愛会おしま学園建設用地」と打たれた時は、心の底から涙が溢れて感激した。

見渡す限りの草原ではあったが、この一本の杭から「おしまコロニー」のすべてがはじまった。今思うと、本当に「夢」のような思いであったが、しかし大場にとってはまだまだ夢の一歩を踏み出したにすぎなかったのである。

第三章　「おしまコロニー」の誕生と　その展開

一　「おしま学園」の誕生

昭和四二（一九六七）年一〇月一日、知的障害児施設「おしま学園」は、大場茂俊が園長に就任し、あわただしく誕生した。七重浜保育園開設から一四年を経過し、紆余曲折を経ての開設であった。七重浜保育園が「社会福祉法人侑愛会」の母体であるなら、「おしま学園」は「おしまコロニー」という総合施設の礎である。

「おしま学園」が建てられた十万坪の土地を、大場と筆者たちは「ゆうあいの郷」と名付けた。

おしま学園建設起工式

大場の構想は、障害をもった人たちへの生涯にわたる支援体制の構築であった。実現には十万坪という広大な土地が必要であった。金策に走り回り、地元住民の説得にあたり、障害児の親たちを結束させ、大きな夢を語った。時に「誇大妄想」と陰口をいわれ揶揄されていることも承知の上だった。

当時、海岸線の国道から「ゆうあいの郷」へ通じる道路は、小川が流れる谷間に沿って削られて作られた危険な悪路だった。あまりにひどい道路だったので、筆者たち夫婦二人で、北海道庁の担当課長のところまで出向き、道路整備をお願いした。ところが「そうした施設を作る時には、道路を先につけてから…」と冷たい返事が返ってきた時には、「道路ができるまで、子どもたちは待ってはくれない。どんどん成長していく」と思わず言い返したこともあった。

道路事情ばかりでなく、はじまったばかりの「ゆうあいの郷」には、人が暮らすための最低限のインフラさえ十分ではなかった。

それと職員が集まらなかった。知的障害児施設に率先して勤めようと考える人は多くなかった。世間からは「たいへんなお仕事ですね」といわれながらも、どこか変わり者あつかいされる時代だった。

そうした時、七重浜保育園の保母の一人が、率先して新しい障害児施設への異動を願い出てくれた。「宮本弘子さん」は、ストレプトマイシンの後遺症で若くして聴覚を失ってしまったが、一生懸命な人でハンディキャップを感じさせない人だった。その彼女が障害児のお世話をしてくれるという。ありがたかった。何より人に対しても仕事に対しても、たいへんセンスが良い方だった。ピアノも上手、コミュニケーションも「読唇」でとれる。不自由さをもちながら、自立した職業人としての姿勢は、当時、数少なかった若手職員たちの模範であった。

また開設時、新しく募集した職員四名の中には、後に、「おしまコロニー」総合施設長を務めていただくことになり、平成一五(二〇〇三)年には「第七回糸賀一雄記念賞」を受賞した、若かりし「近藤弘子さん」もいらした。

少数とはいえ、心ある人たち、志をもつ人たちが集まり、初期の「おしま学園」を熱く支えてくれた。全員、開園前より、七重浜保育園で研修を行い開園に備えた。

「おしま学園」のまわりでは、まだいたるところで工事が続けられていた。数少ない職員も男女の区別なく、外構工事をはじめ生活環境を整えるためにスコップや一輪車をもっての肉体労働の日々であった。

大場は、日中は子どもたちを相手にしながら、かたわらで肉体労働。夜は職員たちと子どもたちの様子や日々の支援内容の話し合い、また、総合

おしま学園全景

的な施設構想を実現するための青写真作りと計画、役所に出す申請書、陳情書を作成するなど、昼夜を問わぬ仕事ぶりだった。徹夜など日常茶飯事、まして障害児療育の知識と経験をもつ職員は園長の大場だけだった。子どもたちとの接し方を、職員は一から勉強しなければならない。やることが山のようにあった。

開設間もない混沌とした日常業務に追われながら、職員たちも子どもたちと同じ屋根の下に寝泊まりし、寝食を忘れての悪戦苦闘が展開された。子どもたちが寝た後に園長自らが講師となり、勉強をしながら明日の「おしま学園」を熱っぽく語り合うこともしばしばであった。「赤い屋根勉強会」、いつしか職員たちはそう呼ぶようになった。

開設から二ヶ月後の昭和四二年一二月には入所児童は六〇名となっていた。

当時、北海道の南部、道南地方には障害児入所施設は一ヵ所。地元を離れ、遠く道内各地の施設に入所していた子どもたちが、「おしま学園」開設によって親元の近くに戻ってきた。少しでも親の近くに…、どの親たちにも共通であったろう思いに、ようやく応えられるようになった。

二　総合施設の目指すべき姿

大場たちが「おしま学園」開設で悪戦苦闘しているその頃、知的障害者のコロニーの建設が国レベルで議論されはじめていた。「おしま学園」開設の前年、昭和四一（一九六六）年には、有識者による「コロニー建設推進懇談会」が発足した。これを受けて厚生省は「建設分科会」と「推進分科会」を設置。「心身障害者コロニー計画」が策定され、国立コロニーの建設が進められることになった。またこの計画と前後し、各地方自治体においてもコロニー建設が進められようとしていた。

「おしま学園」の開設と時期を同じくして、温め続けていたコロニー建設への夢は、くしくも時代の潮流と符合していく。

当時、コロニーの考え方には、大きく分けて二つの考え方があった。

一つは、大きなコロニーを作り、障害をもった人たちを集め、終生にわたって保護していこうという考え方、「駅」に例えると、最後にたどり着く「終着駅」にしようという考え方である。またそれとは逆に、終生保護を目的とせず、発達保障・教育の場としてとらえ、一人ひとりの可能性を引き出し、地域社会へ再び旅立たせるための「始発駅」としてのコロニーにしようという考え方の二つである。

それまで欧米のコロニーの多くは「終着駅」の考えに立っていた。終生出ることなく生涯を終えていく場となっていた。そのためコロニーは、わが国においても「終着駅」としてのイメージが強く、終生保護を目的としたものと考えられる傾向にあった。

しかし大場は、終生保護の場とする考え方には一度も立たなかった。

確かに、構想した「おしまコロニー」は、生まれてまもない乳児から高齢者の方々まで、一貫した「生涯教育」の場を作り上げようという壮大な計画であったが、根底は、世代・年代それぞれに応じた発達保障の場を用意することであって、一人ひとりの発達の可能性を引き出し、育成を手助けし、自立を促すための場の建設に他ならなかった。

当時「おしまコロニー」を構想して描かれた青写真には、すでに施設を出て地域で働く人たちを支援するための「アフターケアセンター」さえ考えられていた。そこには、終生保護を目的とするコロニーとは完全に一線を画す考えであったことがわかる。

地域の中で行く場を失った人たちを、まず温かく受け入れ、障害によって生じる「生きづらさ」「不自由さ」を軽減し改善できる場として施設を提供し、生きる力をつけた人たちは、社会に向けて自立を果たしてもらう。それが基本姿勢であった。

障害者は、けっして施設の中で生涯を送ることを望んでいるわけではない。一般の人たちと同じように、地域社会の中で働き、暮らすという「普通の生活」を望んでいる。それがこの人たちの希望や願いであることを良く理解していた。その実現のために「おしまコロニー」という壮大な計画を考え、機能のすべてを使っていこうと考えていた。

海外視察でお会いした、ノーマライゼーションの提唱者バンク・ミケルセンが熱く語った思想を、自らの実践の基本においていた。

後年、わが国においても、隔離された場において終生保護されるコロニーは解体すべきであるという「コロニー批判」が起こり、脱施設化が叫ばれることになる。

世間に誤解を与える「おしまコロニー」という呼称について、改名も含めて内部で議論したことがあった。一部、職員から心配の声があがったからである。

しかし「おしまコロニー」という呼び名はすでに地元に定着していたし、ましてや現在批判を受けている終生保護を目的とするようなコロニーとは、実践内容がまったく違っていたので、「コロニーという呼称を用いても、終生保護のためのコロニーではない」ということを確認し合い、今後も「おしまコロニー」という名称でいくことを再確認したという経緯もあった。世間の風評に流されず、実質的な仕事で「おしまコロニー」の評価を受けることを望んだのである。

「ゆうあいの郷」の初の施設「おしま学園」は、そうした基本的な理念と構想の下に生まれ、総合施設へと向かう礎として発足した。そして最初の問題が障害児の義務教育であった。

三　施設内障害児学級（特殊学級）の誕生

「おしま学園」が開設された昭和四〇年代前半、知的な障害をもった子どもたちは、満足な学校教育を受けられる状況にはなかった。真っ先に取り組まれたのが、子どもたちに義務教育をいかに保障するかということであった。

すべての学齢児は、義務教育を受ける権利をもつのは当然である。障害があるなしに関わりなく、平等の教育機会が与えられるべきものである。ところが、当時は「就学免除」という形で義務教育が受けられなかったり、放置されていたり、世間では「障害児に勉強を教えて何になる」という風潮が根強く残っていた時代であった。「学校」は身近ではなかった。

障害があるからこそ、濃密で特別な教育が必要とされている。教育者を父にもつ大場には、この現状は、受け入れがたく納得できるものではなかった。隔たりなくだれもが普通に教育を受けられる環境を求めるのは自然であろう。

大場たちは、「おしま学園」に子どもを預ける父母たちと共に、上磯町教育委員会に再三陳情を繰り返し、施設内に障害児学級（特殊学級）の設置を求めた。

その地道な陳情が実を結び、「おしま学園」開設から半年後の昭和四三（一九六八）年四月、上磯町立石別中学校特殊学級（当時の名称）が、「おしまコロニー」に誕生した。

小学部二学級、中学部一学級の編成で、教室等の建物設備は大場たち施設側が用意し、「おしま学園」に隣接して新たに建て増しされた。教員は上磯町から派遣されてきた。「おしま学園」に入所していた学齢期にある児童全員が、新しい建物を学舎として入校した。

学年はそれぞれ違っても、全員がピカピカの一年生の笑顔だった。それに増して「うれしい」笑顔の父母たちであった。ここにきてようやく施設という福祉の分野と、学校という教育の分野が一緒になって、子どもたち

ラジオ体操の一コマ

を支えていく体制が整えられた。

障害児学級（特殊学級）では、上磯町から派遣された教師たちと、施設職員が一体となって日常の学習指導をはじめ、運動会や学芸会といった行事、鼓笛隊といった課外活動にも熱心な教育が進められていった。それは、養護学校義務化が施行される昭和五四（一九七九）年まで継続され、以後は道立七飯養護学校に移管されることになる。

この「おしまコロニー」の「公平な学習機会の保障」へのこだわりは、小学部、中学部の施設内障害児学級（特殊学級）の設置だけにとどまるものではなかった。

「おしま学園」開設から四年後、「おしまコロニー」は、施設を出て一般事業所で働く人たちを支援するため「通勤寮」をスタートさせるが、地域で暮らしはじめた人たちから、簡単な「読み書き、計算」を教えて欲しいという要求が出はじめた。彼らは実際の社会生活の中で、その不自由さを切実に感じとっていた。こうしたニーズは、後に「学校法人ゆうあい学園」の設立と「ゆうあい養護学校高等部」開校へとつながっていく。

四　「学校法人ゆうあい学園」の設立と「ゆうあい幼稚園」の開設

コロニー内で、義務教育を終了した人たちから「読み書き、計算」を教えて欲しいという声が出はじめていた頃、上磯町では義務教育「前」の幼児教育の問題も地域に抱えていた。

上磯町内には、昭和四八(一九七三)年に開設された私立幼稚園が一ヵ所

（八〇名定員）あるのみであった。幼児教育の場が不足していた。

当時、上磯町七重浜地区には幼稚園はなく、保育園はあるといっても、函館市のベッドタウン化が急激に進行し、人口増加に応じきれず、町内には、一〇〇名を越える幼稚園への入園希望者が待機している現状であった。上磯町も現状に苦慮していた。町長も幼児教育に熱意をもっていた方で、再三にわたり大場に幼稚園開設を強く求めてきたのである。

保育園は業務制約が大きい。「地域の子どもでなければ利用できない」「両親が働いていなければ利用できない」といった制約を受けていた。隣接する函館市内在住者も利用できなかった。制約を受けずに幼児教育の場を求めると、そこは「保育園」ではなく「幼稚園」ということになる。

大場たちは、昭和四九年一二月「学校法人ゆうあい学園」を設立。翌年、「ゆうあい幼稚園」の開園に向けて準備を進めた。当然、障害児でも入園できるものが考えられた。

年少の頃より障害児たちと触れ合って共に育つ子どもたちに、教育的な意義ははかりしれない。弱者に対する心配りが育つ。また障害児にとっても、育ち盛りの子どもたちに囲まれての生活は、これほど恵まれた刺激はないだろう。

昭和五〇年四月、「ゆうあい幼稚園」（初代園長・中山源四郎）が上磯町七重浜に開園する。当初、八〇名定員で、四歳児学級一クラス、五歳児学級一クラスの二学級で開始されたが、それでは到底、地域の要望を満たすにはいたらず、翌年には倍の一六〇名定員、四学級に、二年後には五学級編成となる。

入園するためには、親御さんたちが夜中から並んで願書を出さねばならないほどであったが、入園の難しい状況でも障害児は毎年受け入れがおこなわれた。

当時、障害児を受け入れる一般の幼稚園など、函館・上磯・七飯といったこの周辺地域にはなかった。学齢期前の早期療育などほとんど考えられていなかった。「ゆうあい幼稚園では、障害児も受け入れてくれる」「健常児と一緒に隔たりなく保育をしてもらえる」、その評判は瞬く間に地域に広がった。周辺地域で行き場のなかった障害児が、統合保育の場を求めて集まってきたのである。スクールバスの運行も開始され、通園への心配もなくなった。

「ゆうあい幼稚園」では、軽度の障害をもった子どもたちを対象としたクラスを編成した。入園当初は、大きな集団にはなじめない子どもたちも多かったので、個別指導と小集団指導をカリキュラムに加え、一人ひとりに応じた教育内容を考慮した。専門職員の増員、個別指導のための部屋など、人的、物的な環境条件の整備も必要に応じて進められていった。毎年、一五～一八名ほどの子どもたちが在籍していた。

七重浜保育園時代から根底に流れる「統合保育」の考え方は、その後、「おしまコロニー早期療育部門」として、各保育園、幼稚園をはじめ、通園施設、入所施設、地域療育センターといった各関係機関が体系化され、連携が図られ活動していくことになる。

大場は、福祉的なニーズを受け止める保育園、幼児教育という教育分野を受け持つ幼稚園、そして障害児の専門施設や医療分野をもつ療育センター等々、福祉・教育・医療といった各分野を総合的に一体化させ提供できる体系を目指していた。幼児が隔たりなく育つ環境を求めると、複合的な形が必要とされた。

当初幼稚園での「統合保育」は、父母の間から「障害児と一緒」ということに不安の声も聞かれた。しかし嬉々として一緒に遊ぶ子どもたちの様子を見て懸念は払拭された。また、侑愛会が主催する障害児者関係の研修会や講演会などの案内も幼稚園の各家庭に配布し、共に勉強していただいたり、積極的な理解を促すことに腐心したりもした。

後年、「ゆうあい幼稚園」の卒園生が、侑愛会の職員採用試験を受けに来ることもめずらしいことではなくなった。幼稚園時代の印象深い体験が、将来、福祉を仕事にしようという気持ちを生んだのだろうと思う。うれしいことである。

「ゆうあい幼稚園」は、今でも障害児と共に育ち合う幼稚園としてとてもユニークな存在となっている。

五　「ゆうあい養護学校高等部」の開設

「おしま学園」の施設内障害児学級（特殊学級）の開設は、「おしまコロニー」と教育との関係に大きく二つの問題意識をもたらした。一つは、義務教育「前」、もう一つは義務教育「後」、その二つである。

昭和四八（一九七三）年に、任意ではあったが、高等部夜間特別学級を「おしま学園」に開講した。

「読み書き、計算」を教えて欲しいという声に応えてのことだった。これが「おしまコロニー」における後期中等教育の最初の姿である。

受講者は三四名、「おしま学園」をはじめ、成人施設の「新生園」、「明生園」、三施設から生徒たちが集まった。授業にあたったのは、三施設から、高校教員の免許状をもつ職員が八名。そして上磯町立石別中学校の教諭二名の協力を得て、職員一〇名体制で、二クラスに別れての授業であった。毎週木曜日、午後六時から七時半までの一時間半の授業。職場実習や日中の作業が終了してからの夜間の学習が五年間継続された。

この夜学は、昭和五三(一九七八)年四月、「ゆうあい養護学校高等部」の正式な開校を待って発展的に解消した。

ここから、「おしまコロニー」の本格的な高等部教育が開始された。

「まだ時期尚早ではないか」と、教育分野にまで手を広げることに懸念を示す人たちもいたことは事実である。しかし大場は引かなかった。昭和五二年一月にはすでに「養護学校高等部開設準備室」を立ち上げ、開校に向けての作業を進めていた。

初代校長には、長年、公立学校の校長を勤められ、その後、「おしまコロニー」の施設で施設長につかれていた黒島弘文先生にお願いした。障害児教育にもたいへん深い関心をおもちであり、熱心に学校運営に携わっていただき、支えていいただだいた。

大場たちは、義務教育である「小中学校」は公教育によって、それ以後の高等部教育は私学として、より独自性を発揮しやすいものにしようと考えた。大人へ脱皮する思春期にある人たちには、柔軟な教育場面が必要であろうとの考えからである。

「ゆうあい養護学校高等部」は、学校と施設が相互に補完的な関係を保ちながら、教育場面が用意され進められた。他の単立の高等部とは性格を異にする独自性をもったものであった。「おしまコロニー」のもつ施設機能の数々を、高等部教育に活用したのである。

カリキュラムの大きな柱であった「作業学習」などは、農耕作業、紙工作業、木工作業など学校内にとどまらず、各成人施設の作業場面を活用しての本格的なものであった。また施設での二週間から一ヶ月の長期にわたる宿泊実習が組まれ、生活場面での実習体験を得る試みもおこなわれた。

卒業後、就労を目指す職場実習は、通勤寮「はまなす寮」で地域の一般事業所を利用してのものだった。社会で就労し自立を目指す生徒たちにとっては、直接、社会の風が体験できる貴重な機会であった。

しかし高等部教育は、自立を目指せる人たちだけのものではない。障害が重く他の高等部で受け入れの難しい人たちもまた高等部教育を望んでいた。私学である「ゆうあい養護学校高等部」だからこそ、他所では受け入れの難しい人たちの受け入れも可能であった。

大場は分け隔てを嫌う人であったので、当然、障害の重い人たちの入学を拒むことはなかった。特に受け入れ先の少なかった、自閉症の方々が多く入学してきた。

「おしま学園」、「第二おしま学園」、そして昭和五五(一九八〇)年に開設した「ゆうあい養護学校高等部寄宿舎」とも、日々密接な連携をとりながら、教育現場へのTEACCHプログラム(＊1)の導入を図り、自閉症の人たちの学習に努めた。

＊1 TEACCH(ティーチ)プログラムとは、「Treatment and Education of

祝賀会でのハンドベル演奏披露

Autistic and related Communication handicapped CHildren「自閉症とその関連する領域にあるコミュニケーション障がいの子どもたちの治療と教育プログラム」の略である。TEACCHプログラムは、アメリカ・ノースカロライナ州でショプラー博士によって創案され、発展してきた自閉症の人たちのための生活支援制度で、自閉症の人たちに、彼らを取り巻く環境の意味を伝え、意味のあるコミュニケーションをしながら、彼らとの共存世界を目指そうとするプログラムである。それは自閉症の特性理解に大きな礎を置くもので、今や世界中に知られ、また実際に応用されるところとなっている。

そうしたなか、高等部では、作業や実習等で「生活力」をつけていくカリキュラムを重視する一方で、情操を育むための教科も充実させていった。音楽の授業から大きく羽ばたくことになった「ハンドベル」。生徒全員が何か一つ、楽器の演奏ができるようにしたい、それがハンドベル演奏だった。

日頃の成果を見てもらう演奏発表は、校内や学校祭が精一杯であったが、平成三(一九九一)年六月、思いがけず函館市社会福祉施設連盟から、ハープコンサートへのジョイント演奏の依頼を受けた。函館金森ホールでプロのハープ奏者と共演しようというのである。

それがハープ奏者・池田千鶴子さんとの出会いであった。

池田さんは、国外でもご活躍のハープ演奏の第一人者である。池田さんはたいへんご多忙な方であったが、無理をお願いして高等部のアイリッシュハープ特別講師をお引き受けいただいた。毎年の定期演奏会でも共演をいただきながら、おつき合いは続き、平成二一（二〇〇九）年をもって三一年間の歴史をもつ「ゆうあい養護学校高等部」が閉校することが決まった平成一九年まで、長くご指導をいただいた。

「上手に演奏しよう」というのではなく、一人ひとりが呼吸を合わせて一つのものを完成させる、その工夫と喜びが生徒たちを成長に導く。

地元の催し物や、イベントに呼ばれての見事な演奏は、地域の中で驚きをもって受け止められ、その純真な響きは多くの感動を与えた。

「心と思いを紡いできました」平成一九年一〇月、最後の定期演奏会の舞台であいさつをする池田千鶴子さんの声が震えていたのを昨日のことのように思い出す。

ゆうあい養護学校高等部は、大場が亡くなってから一一年後の平成二一年、北海道各地に公立の養護学校高等部の整備が進むのと平行し、惜しまれつつ私学としての先駆的役割を終えた。この間、五百余名がここを学び舎として逞しく巣立っていったのである。

六　大人の施設、「新生園」「明生園」

子どもが成長すれば大人になる。大人にならない子どもはいない。「おしま学園」という児童施設の開設は、当然、成長する子どもたちのその後の受け皿を必要とした。大人の障害者が入所する施設である。「おしま学園」開設と時をおかず、次に成人施設の開設に向けて一気に走った。「ゆうあいの郷」に、最初の施設「おしま学園」開設から半年を待たずに、昭和四三(一九六八)年一月に成人男子の更生施設「新生園」、同年一〇月に成人女子の更生施設「明生園」が誕生する。

しかしその当時の暮らしは、今日の豊かさとは比べようもなく、必要とする「水」さえ、二ヵ所の井戸と湧き水。施設の一日は、その水汲みからはじまる厳しいものだった。まだ「ゆうあいの郷」は、十万坪の茫漠とした原っぱに、ポツンといくつかの建物が点在していたに過ぎなかった。

そうした中、「新生園」に隣の男子トラピスト修道院から乳牛が寄贈された。「ジョハンナ号」と名付けられたホルスタインから搾られた牛乳は、毎日、まだ貧しかった施設の食卓を潤してくれた。隣接のトラピスト修道院は、道南では酪農の発祥地だけに、乳牛に慣れた修道士たちが牛たちの取り扱いを、初歩から教えてくださった。

「新生園」では、牛を飼い、豚やヤギなど「ゆうあいの郷」の広い土地を利用して、作業、職業訓練の一環として畜産作業の充実が図られた。

少しずつ開墾された「ゆうあいの郷」には、跡地のあちこちにたくさん木の根が放置されていたが、この木の根を掘り出し、手を加えてオブジェも制作した。磨き、ニスで光沢を出すと味わいのある作品となった。その由来はわからないが、筆者たちはこれを「さびたの根」と呼んでいた。札幌で開かれた施設の展示会などに出品され、それが好評であった。

札幌にある筆者の実家に行った際、この「さびたの根」が床の間に飾っ

光・母・大谷ミユキ

てあった時には驚いた。札幌のデパートで、「おしまコロニー」の作品と書いてあったので買ってきたと筆者の母はいう。

「おしまコロニー」開設にあたって、その金策を巡る経緯で一時疎遠となった札幌の実家とその母であったが、陰で気にかけてくれていたことがうれしかった。床の間に置かれた「さびたの根」を見た時は、思わず涙ぐんだ。筆者たちの志がようやく母に響いた喜びと、思いが共有できたことの感激は、筆者たちに大きな力を与えてくれた。

その後、筆者の母からは折りにつけ、「社会福祉法人侑愛会」に多くの金銭的援助をいただくことになる。「おしまコロニー」の施設整備と発展の土台をしっかり支えていただいた。

精魂込めて作られた「さびたの根」が母と娘を結びつけてくれた。

また、「新生園」では、職業訓練と平行して学習指導もおこなわれ、当時は「手紙の日」というものも設けられていた。読み書きができなかった人たちが、手紙の日に親元に手紙を書いた。言葉一つひとつ、何度も書き直した手紙は、親たちをたいへん喜ばせた。また隣のトラピスト修道院の神父様が時々訪ねてくださり講話をいただいた。「自立について」とか「責任ある人になる」とか、お話をいただいた。

「新生園」開設から九ヶ月後の、昭和四三年一〇月には女子の更生施設「明生園」がほぼ同時期に開設された。知的な障害をもつ女性、それも成人の人たちが利用できる施設というのは、当時、北海道内にはほとんどなかった。大人の施設の入所者は、ほぼ男性であった。人目につかないように家の中にかくまわれている女性が多く、家にいてもなんとかなると、そう考えられていた時代だった。

しかしこれが当時の福祉の欠陥で、女性の社会自立という観点がすっぽりと抜け落ちていると大場は考えていた。家庭に引きこもっている女性たちを、社会の責任の下で援助し自立を目指していくことが必要だと「明生園」の開設を急いだ。「障害」とか「性差」によって、不利益を受けることがあってはならないという思いが強かった。

「明生園」の入所者は、障害の重い人が多かった。いくつかの障害を重複してもつ人も多かった。接し方は、時間をかけてゆっくりと信頼関係を築き上げることを基本とした。

職業指導も女性らしさを引き出すように、クリーニング、養鶏、農耕、製パンなどの職種を用意した。旅館の浴衣の帯なども注文を受けて作った。昭和四八(一九七三)年春には、新しいパン工場が完成。「ゆうあいの郷」にパンを焼く甘い香りが漂い、心を和ませた。パンは評判を呼び、コロニーの各施設で消費するだけにとどまらず、町内の学校給食への提供もはじめられて、評判は地域の各家庭へと広がっていった。コロニーのパンはおいしい、特に「豆パン」がおいしいと喜ばれた。

また、それまでは廃棄物だったトウモロコシの皮を乾かし、それを材料に作られた「明生園」オリジナルの「ゆうあい人形」は、清楚で繊細な表情が美しいと、函館市内をはじめ道南各地の観光みやげ店で人気を博した。細かな手作り、人形に飾られる小さな花は、自分たちが育て咲かせた花々をドライフラワーにしたもの、すべてが手作りの逸品で、日々の地道な作業訓練の成果の一つであった。

平成四（一九九二）年、常陸宮殿下と同妃殿下が、「おしまコロニー」にお見えになった折り、この「ゆうあい人形」制作の様子を熱心にご視察くださった。作業に励む一人ひとりにお声をかけてくださり、一同感激の時を過ごさせていただいた。飾ってある人形を見るたびに、みんなの喜ぶ顔が今でも脳裏に浮かぶ。

この平成四年には、老朽化が進む「明生園」の改築に着手。明生園は「ワ

ゆうあい人形

ークショップまるやま荘」と二つに分割され移転改築される。「明生園」の改築をかわきりに、「おしまコロニー」各施設の大がかりな改築作業が以後進められることになる。

七　「おしまコロニー」自立への道筋

成人施設の開設によって、「おしまコロニー」としての基本的な形が作られた。児童と成人の施設をもつことで「ライフステージを支えるための機能」の基礎が姿を現した。

この施設の組み合わせを核として、「おしまコロニー」は社会自立への大きな流れを作り出していくことになる。

「おしまコロニー」の位置する北海道南部も道内の他と比べると比較的温暖な地域であったとはいえ、北国であることには変わりはない。冬の半年間は雪に閉ざされる。

成人施設の「新生園」、「明生園」は、利用者の仕事が農耕作業中心だったので、当然、冬場はまったく仕事がなくなってしまう。

冬場の仕事は、やはり町場に出るしかない。「職場実習」といえば聞こえは良いが、実態は冬場の仕事を街に求めての「出稼ぎ」だった。この事

雪の中の通勤風景

情が「おしまコロニー」最初の「職場実習」に取り組むきっかけとなった。

昭和四六（一九七一）年一月、真冬のまっただ中、職場実習が開始された。職場は函館市内の水産加工会社。「おしまコロニー」から江差線渡島当別駅まで雪をかきわけ歩いて三〇分、列車に乗って四〇分、七重浜駅で下車し、また歩いて三〇分。通勤時間だけでも一日往復約四時間、実働時間は約六時間、過酷な条件の下で春先まで実習が続けられた。しかしこの間、引率の職員と実習メンバーの一五名に一人の落伍者もなかった。

この時の職場実習は、冬場の急場しのぎという意味合いが強かったが、春、実習が終わろうとする時に、事業所から七名ほど雇用してもよいという話があった。まじめな仕事ぶりが評価されたのだが、これで、簡単に「就職」という方向性が出たわけではない。

大きな壁になったのは、施設の内部事情だった。就職で名前のあがったメンバーは、施設の農耕作業においても中心的な存在だった。彼らが抜けると、施設内の作業が維持できなくなると、就職に反対の声があがった。

ほとんどの職員が就職に反対し、その中でただ一人、実習の引率を続けた職員一人だけが就職を主張した。その職員会議の席で、大場が決断したのは「就職」の推進であった。

施設の作業維持のために彼らがいるわけではない。最優先されたのは本人たちの「意向」であった。実習で自信をつけたメンバーに、施設に戻りたいという人は一人もいなかった。この時の「決定」が、以後、「おしまコロニー」が三百名を越える人たちの地域生活を推進させる原点となった。「就職」といっても、彼らの生活全般のケアは必要である。まして就職となれば往復四時間近くをかけての通勤は現実的ではない。街中にある職場の近くに彼らの「住む場所」が必要だった。

昭和二八(一九五三)年、筆者たちの自宅を改装してはじめられた七重浜保育園が、昭和四六(一九七一)年一月新しく移転し改築された。その空いた旧保育園の園舎に手を入れ、同年七月、未認可の通勤寮「はまなす寮」が開設された。

侑愛会発祥の地に、社会自立を支援する新たな拠点が設けられたのである。

「はまなす寮」は、昭和四九年一月に通勤寮としての正式の認可を受けるまでの約三年間、任意で運営を続けた。

施設を出て、街の一般の職場で働くというのは、けっして簡単なことではない。特に、施設の集団生活の中で身につけた習慣と、実社会の暮らしには大きな隔たりがあった。

例えば、当時施設の風呂では「石鹸」は共有だった。風呂場に備え付けられたものをみんなで使用した。しかし街の銭湯では、石鹸はそれぞれ個人の持ち物である。このことがうまく理解できず客とトラブルを起した。私物の石鹸やカミソリを他の客に平気で使われたら、持ち主がびっくりするのはあたり前である。施設生活と、地域の暮らしとの間には大きなギャップが存在していた。

このような問題は、「はまなす寮」があれば解決できるものではなかった。「施設生活」に問題の根があった。地域生活で起こる様々な課題が施設側にフィードバックされ、「おしまコロニー」として、自立の体系化が進められた。

施設側の対応として、昭和四八（一九七三）年に明生園には「のぞみ寮」、新生園には「青雲寮」という二つの独立した小舎を開設した。この二つの小舎は、施設の大集団の生活から離れ、一〇名程度の小集団で、より現実度の高い暮らしを体験するための「社会適応訓練小舎」と大場たちが名付けたものである。

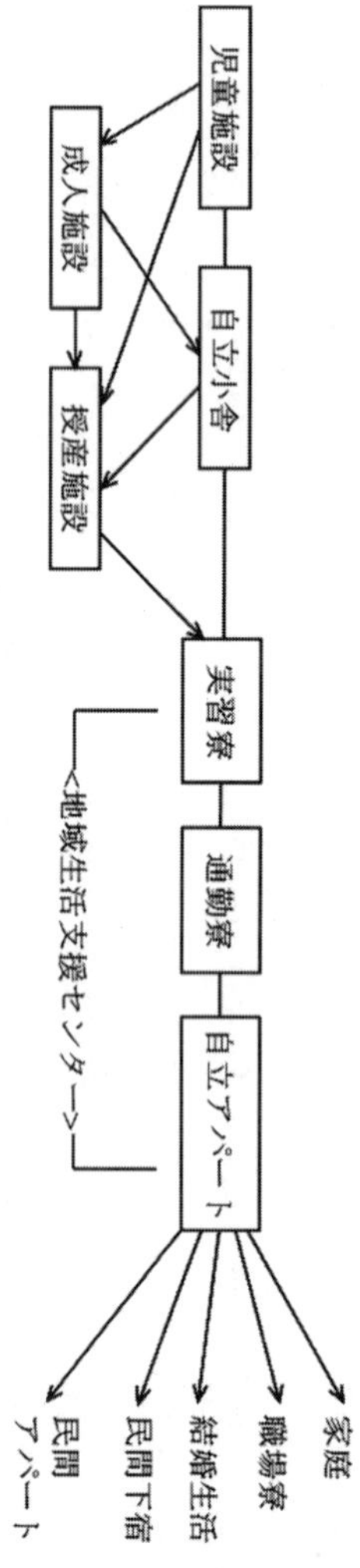

おしまコロニー就労自立体系

そして通勤寮には、敷地内に「実習寮」と、通勤寮を出て本格的な自立生活を整えるための「自立アパート」の二つの建物を用意した。

「施設」から、「社会適応訓練小舎」に移り、そこを経て、街中の通勤寮敷地内にある「実習寮」で職場実習をおこなう。実習の様子から就職が決まれば通勤寮へ、実習の現段階では就職が難しい場合は、再度、社会適応訓練小舎や施設に戻り、再チャレンジをする。また、通勤寮で一人暮らしを目指す人たちは、「自立アパート」で本格的な自活へのチャレンジをおこなうという、「おしまコロニー」独自のシステムが構築された。

このステップバイステップの道筋を通じて、施設から三百名を越える人たちが、地域に出て働き自分たちの暮らしを手に入れた。

次に地域で自立生活を手に入れた人たちは、伴侶を求めた。「結婚」である。知的障害があるからといって、あえて結婚を阻む理由はない。単身の暮らしであろうが、結婚した夫婦であろうが、継続的なアフターケアは必要である。ケアを前提としての結婚生活であれば、十分に継続可能であ

自立者の会「はまなす会」

る。

これまでに、「はまなす寮」出身者で二〇組の夫婦が誕生している。結婚式は、地域に出て暮らす仲間たちで結成された「はまなす会」が主催し、そのつどホテルや結婚式場でおこなわれた。この二〇組すべて、大場夫婦が仲人を務めた。大場はどんなに多忙であっても、結婚式の仲人だけは断ることなく最優先で引き受けた。

平成六(一九九四)年七月には、半年間にわたって取材を受けた「ＮＨＫスペシャル・はまなすの家族・手さぐりの子育て日記」が放映された。

結婚し、子どもができた夫婦の子育てに奮闘する日常を描いたドキュメンタリーである。家庭での暮らしの様子だけではなく、コロニーの保育園も加わり、子育て支援や母親への助言指導などをおこなっている様子が、丹念に描かれていた。

障害をもつことが、「普通の生活」を阻む理由などどこにもなかった。阻むものがあればそれを取り除けば良い。結婚式に臨む顔はいつも晴れやかだった。

その後に続く、グループホーム、ケアホームといった小規模住居の設置、小規模作業所、福祉工場「おしま屋」などの福祉的就労の場の開設といった一連の展開は、「はまなす寮」の実践を源流として、そこから大きく地域に派生したものである。それは「施設から社会へ」、確実に地域に歩を進め、「始発駅」としてのコロニーの理念を着実に形にしていった、「おしまコロニー」の姿でもある。

八　地域療育とおしまコロニー早期療育部門の体系化

「おしまコロニー」が、「地域」をフィールドとして取り組んだ実践には二つの大きな流れがある。その一つが施設から社会へという社会自立への大きな流れであり、もう一つは、児童施設から出てくる「地域療育」の流れである。

「地域療育」は、より早期の幼児期にある子どもたちを、家庭から離すことなく、いかに支援を提供するかという課題を背負っての実践であった。「おしま学園」では、昭和四九(一九七四)年、初めて三歳児を受け入れた。当時の児童施設は、学齢期児童の処遇が一般的で、低年齢の幼児の受け入れは全国的にもめずらしいことであった。

まだ幼い子どもたちは、母親の元で過ごすことが一番である。幼ければ幼いほど親の愛情が必要な時期である。親元で育つことがたいせつだと施設側も考えていた。しかし、当時は障害をもって生まれた幼児に対する、社会的なサポート体制がなかった。困り果て、疲れ果てた親たちを支えるものがどこにもなかったのである。

そして、大場たちも障害の軽減にはできるだけ早い時期からの支援が必要だと考えていた。「育ち」のプロセスで起こるつまずきや、そこに起因する二次的、三次的な障害も、若いお母さんたちにこれまでの経験で得た情報や育成の技術を伝えることができれば、少しは軽くできるのではないか、予後を改善できるのではないかと考えた。

昭和四九年から、幼児期の子どもたちを受け入れはじめた「おしま学園」は、翌年の昭和五〇年から母子訓練を開始する。「ゆうあいの郷」に、新たな「母子訓練センター」を建て、そこに親子を宿泊させ、施設職員による子どもたちのＡＤＬ(日常生活動作)訓練や状況把握、親たちの深夜におよぶ勉強会などをおこなうものである。

まだこの母子訓練は、制度的に整備されたものではなかったが、大場は、子どもたちの将来にかかわるたいせつな取り組みだと、道南渡島地区、各町村の町長さんの集まりである「町村会」にまで話を持っていき、資金補助を取り付けてくるほどの熱の入れようであった。

「制度化されるのを待っていては、何事も進まない」というのが口癖だった。熱心な訴えで、建物の一階部分は「北海道」から、二階部分は「町村会」から補助をいただき建てられた。こういった補助金の出され方はめずらしいかもしれない。昭和五〇年七月に、親子で長期宿泊ができる設備を備えた「母子訓練センター」が開設された。

「母子訓練」が、国の制度として正式にスタートしたのはそれから五年後、「施設のオープン化事業」として制度化されてのことだった。

「おしまコロニー」の早期療育には三つの柱がある。

昭和五〇（一九七五）年に開始された「母子訓練」。それと平行するように翌年から「おしま学園」が定員二〇名で開始した、三ヶ月サイクルの短期入所（当時はセミ・スティと呼んでいた）。そして、上磯町七重浜に、昭和五〇年八月開設された幼児の通園施設「つくしんぼ学級」の三ヵ所が核となり、

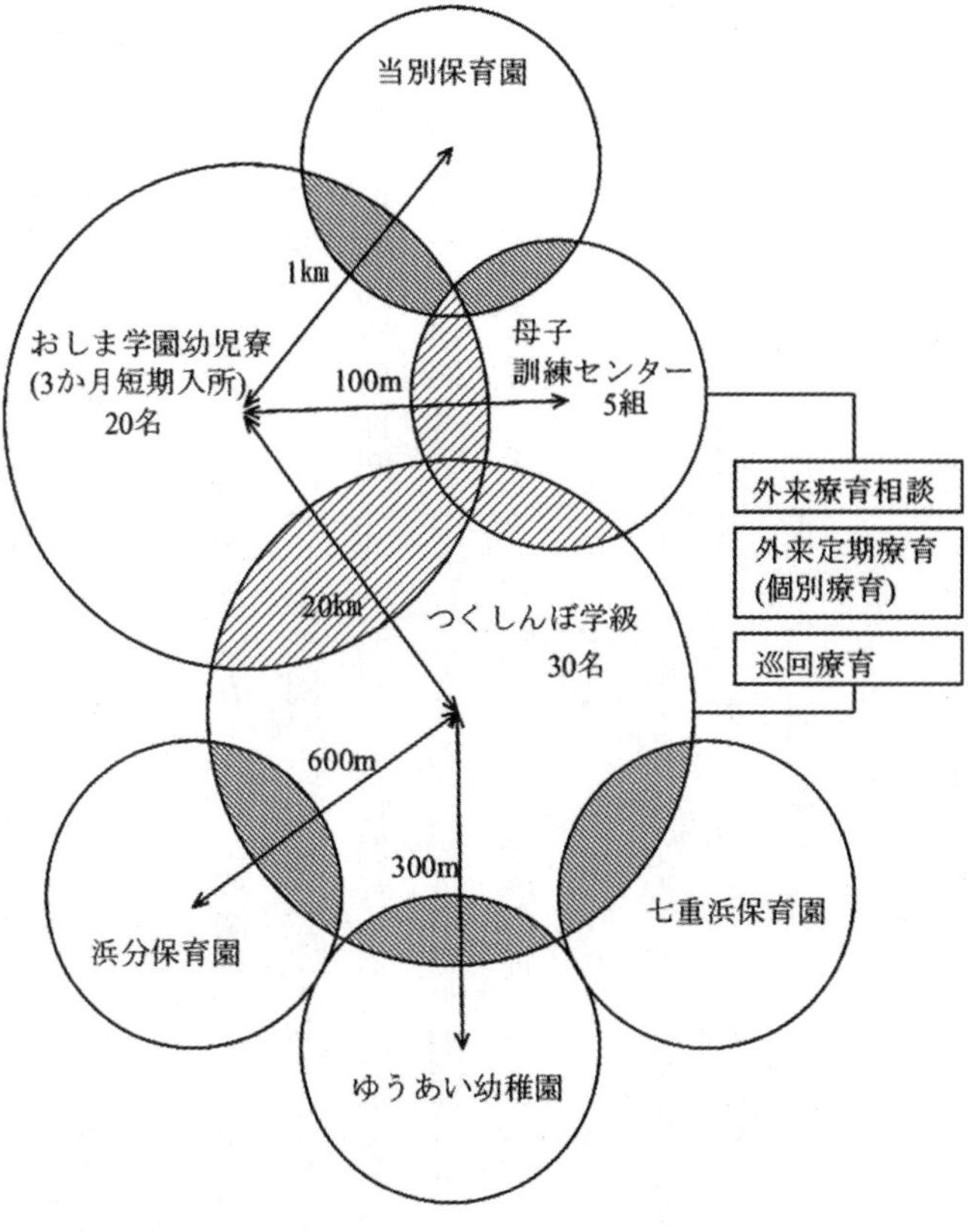

おしまコロニー早期療育体系

これに昭和五五年開設された「浜分保育園」が新た加わった三ヵ所の保育園と、ゆうあい幼稚園によって「おしまコロニー早期療育部門」が体系化されたのである。

例えば、母子訓練に参加した子どもが、通園施設に通いはじめることもある。必要に応じて、「おしま学園」の短期入所を利用することもできる。また、保育園や幼稚園に通っての「統合保育」も可能である。当然、「おしま学園」に短期入所している子どもは、日中、当別保育園での保育を受けることもできる。子どもの状態や家庭状況の違いによって、それらの機能を使い分けていくことができるようになっている。

早期療育部門は、子どもや家庭の状況に応じて適正な場で療育が受けられるように、常に頻繁なコミュニケーションが図られている。

そしてこの早期療育は地域への展開も必要とした。

母子訓練の参加者は、「おしまコロニー」周辺地域にとどまらず、北海道全域、遠くは東北地方からも集まってきた。

母子訓練の目的は、そこでの学習が、各家庭に帰ってから反映されていくことがたいせつである。継続的なフォローが欠かせない。

しかし、遠くからの参加者をフォローのために一軒一軒を訪ねて歩くのは難しい。その解決のために、職員の出張などの機会を利用した。札幌とか旭川、帯広といった中核都市で近隣の方々に集まってもらって、現状の把握に努め、アドバイスをおこなうなど、相談の機会を設けてきた。この母子訓練後のアフターケアが、「施設のオープン化事業」のメニューである「巡回療育相談」に形を変えていった。

「巡回療育相談」は、児童相談所や地域の保健所とタイアップしながら、「おしまコロニー」のスタッフを地元に派遣し、実際の訓練方法や療育相談などに応じる形態へとつながっていく。施設が地域社会へ出向いていく、つまり子どもや家族が暮らす日常生活圏を崩すことなく、サービスを提供し在宅生活を支援するという、施設の枠を越えた新たな「地域療育」という展開が姿を現してくる。

この動きが、地域の保健所をはじめとして医療機関、教育機関等とのより密接な関係が形成される契機となっていった。

この早期療育への関心は、それよりももっと早い段階、「新生児」といわれるステージからのフローアップと療育へのニーズを掘り起こしていった。

その「超早期療育」の拠点として、「おしまコロニー」は診療所を核とし、「医療」を中心においた「地域療育センター」を、昭和六〇(一九八五)年、函館市石川町に開設した。

「生涯教育」という理想を形にしようと進み続けてきた大場にとって、ライフステージの最初の入り口となる医療と福祉を併せ持つ「地域療育センター」の開設は、一つの到達点としての意味をもっていた。障害をもった人たちの人生の起点を支える場を構築できたからである。

昭和四九(一九七四)年、「おしま学園」での三歳児の受け入れから一〇年を経て、様々な実践活動によって開拓された「地域療育」という独自の分野を形にした。地道でささやかな取り組みが、一筋の道を作ったのである。

九　自閉症への熱き思い

「おしま学園」が開設されて三年、昭和四五（一九七〇）年頃を前後して、当時「動く重症児」「情緒障害児」などといわれ、自閉症の行動特徴を有する児童が入所してきた。

「言葉での意志交換の難しさ」「視線が合わない」「動きが激しく課題に集中できない」「おうむ返し」など、それまでの知的障害をもつ児童とは明らかに違う特異な行動パターンをとることが多かった。

昭和五〇（一九七五）年に、できるだけ早期の段階から子どもたちに療育を提供しようと開設された通園施設「幼児トレーニングセンター・つくしんぼ学級」は、当時すでに通う幼児の七〇％が、自閉傾向をもつ子どもたちだった。また母子訓練に参加する子どもたちも七〇％と同程度の比率を示し、「おしま学園」も入所児童の二〇%を超えるまでになっていた。この傾向は、「おしまコロニー」にとどまらず全国的にも顕著であった。

わが国でも、自閉症対策が早急に検討されなければならない課題となっていた。

昭和四九年、当時の厚生省は「自閉症研究委員会」を立ち上げ、研究検討を本格化させた。昭和五一年には、特に年長自閉症児療育が重要な議題となった。

大場も、自閉症療育にたいへん関心をもっていた。療育の困難性を良く熟知していたし、困難であればあるほど、それを支えるのが使命であると考えていた。「自閉症研究委員会」の研究の一員として参加して、実際の情報を提供しながら、新しい研究成果を学び、できるだけ現場に反映しようと試みた。

実際、現場では、きめ細かな生活指導や音楽リズム、戸外遊び、課題学習など、段階的で反復的な学習を繰り返したが、こうした知的障害児への療育方法では顕著な効果があがらなかった。

また、多忙な時期ではあったが大場自ら座長となって勉強会を開き、当時わが国の自閉症児療育の方法として注目された「オペラント行動療法」や、「感覚統合療法」など、様々な内容の実践報告や研究論文などを職員と一緒に精読し、勉強した。研修やセミナーなどにも積極的に職員を派遣して技法や理論を学ばせ、生活課題の中にそれらの技法、教育法を取り入れて個別指導などもおこなった。しかし、当時どれも期待したほどの効果が得られなかった。

大場たちが悪戦苦闘している時、自閉症児をもつ親たちの全国組織「自閉症児・者親の会全国協議会」では、年長自閉症児の療育の場をいかに確保するかが大きな問題となっていた。

会として、施設の立地条件や環境、自閉症児療育に関しての実績、経験豊かなスタッフの存在といった点から、全国に先駆けてのモデルプラントとして、年長自閉症児施設の開設を、「おしまコロニー」に要望してきたという経緯もあった。

夏休みを利用しては、首都圏の自閉症をもつ親と子どもたちが、「おしまコロニー」を訪れる。都会にはない自然の中で母子訓練を受けるのである。そうした交流を何回も積み重ねてきた。そしてコロニーを訪れるたびに親たちは、施設開設の要望を大場に訴えた。繰り返される親たちの強い願いを受け、昭和五三（一九七八）年九月、知的障害児施設「第二おしま学園」を定員三〇名で開設した。

「自閉症児施設」としての法的裏付けはまったくなく、知的障害児施設としての認可を受けてのスタートであったが、「おしまコロニー」は、自閉症児の専門的な療育に取り組む施設としてスタートさせたのである。

昭和五五年八月、国はようやく自閉症の専門施設を認める法改正をおこない、「第二おしま学園」は、厚生省令に基づく「第二種自閉症児施設」として認可変更され、定員四〇名、全国初の「福祉型」自閉症児施設として再出発することになる。認可変更によって入所児童は全員自閉症児となった。

「おしま学園」をはじめ、同時期に開校した「ゆうあい養護学校高等部」などと日中活動をタイアップさせ暮らしの環境を整えつつ、厚生省の分担研究等に携わりながら効果的な療育方法の研究が地道に続けられた。

そうした時、以前から大場とは深い親交があり、何度も「おしまコロニー」を訪れてくださっていたわが国自閉症療育の第一人者、佐々木正美先生（当時・神奈川県小児療育相談センター所長）から「TEACCHプログラム」のご紹介があった。

佐々木先生は、昭和五七（一九八二）年に「TEACCHプログラム」に出会われ、そのすばらしい実際を筆者たちにお伝えくださった。

日々悪戦苦闘し、暗中模索を繰り返していた自閉症支援の現場にとって、この「TEACCHプログラム」との出会いは、大きなターニングポイントであった。その効果は、大場を大いに興奮させた。

本格的な導入のために、昭和六一年には、現場の若手職員たちを「TE

ACCHプログラム沖縄セミナー」に大挙参加させた。大阪をはじめ各地で実施された「現任訓練セミナー」では、プログラムの実際を職員たちに触れさせ学ばせた。

本格的な「TEACCHプログラム」の導入にあたっていたこの時期に、「第二おしま学園」の保護者を中心に、自閉症児専門の成人施設設置を求める期成会が誕生し、昭和六一年から内外に向けて積極的な活動を開始した。

自閉症児施設への入所希望は年々増加し、過年児の今後の方向性を含めてコロニーとしての新たな取り組みが求められたのである。

「第二おしま学園」開設から一〇年を経た昭和六三年一一月、成人自閉症の人たちを中心に受け入れる「星が丘寮」が親たちの強い希望の元に開設され、定員三〇名の施設としてスタートした。そこでは当然のごとく「TEACCHプログラム」のアイデアが取り入れられ、構造化が図られた生活環境となっている。

大場が「ＴＥＡＣＣＨプログラム」に大きく傾倒した理由は、アメリカのノースカロライナ州では、多くの自閉症児者が地域で自立的な生活を営んでいるという事実であった。そして、自閉症児者の親たちが、その効果を確認して州政府に働きかけ、州の認める公式のプログラムとなっているということの二つである。

自閉症の人たちが、地域の中で自立的な暮らしができるようになれば、実際を見た親たちの子どもの見方もまた変わるだろう。当然「ＴＥＡＣＣＨプログラム」も、親たちにとってもより一層身近なものとなり、継続され広がっていくだろう。地域全体が「ＴＥＡＣＣＨプログラム」を理解するようになれば、自閉症の人たちの理解と社会の受け入れも格段に進むだろうと考えた。

「ＴＥＡＣＣＨプログラム」が、地域での自立的生活を前提としているものであることを考えても、施設に暮らす人たちの次の課題は、いかに地域生活に進めるかという課題となる。「星が丘寮」では、事業所への職場実習、七重浜地区の通所施設への引率実習等、地域生活へ向けての取り組みが継続されている。ケアホームの設置と移行も視野に入れ「ゆうあいの郷」の小舎を利用して、地域生活への前訓練もすでに実施し、本格的な地域生活への移行準備を進めている。

大場が亡くなってからになるが、平成一三(二〇〇一)年には「北海道発達障害者支援センター・あおいそら」が開始され、個別の相談事業や各関係機関のコンサルテーション、「TEACCHプログラム」等の研修会や学習会の企画など、広く北海道の啓蒙拠点として活動が展開されている。遺志は形となって確実に引き継がれている。

「星が丘寮」開設から三年ほど経った平成三(一九九一)年には、アメリカ・ノースカロライナ州立大学TEACCH部の創始者であるエリック・ショプラー博士を「おしまコロニー」にお招きした。

「ぜひ自分たちの実践を見て欲しい」、「自分たちはどこまでTEACCHを学べているのか」、そうした思いを直接、TEACCHプログラムの

ショプラー博士と大場の家族・函館空港にて

創始者であるショプラー博士にうかがいたいとの思いが強かった。

　せっかく初めての北海道なら、一〇月、季節柄一番美しい秋を楽しんでもらいたいと、釧路、阿寒といった道東方面をかわきりに、登別、洞爺湖と観光もしていただいた。

　一〇月二一日の「ショプラー教授を中心とした自閉症児者の治療教育講演会」と題する特別セミナーは、

午後五時を越えてのプログラムであった。北海道にあって、TEACCHプログラム開発者の生の講演を聴く機会などそうあるものではなかったので、学校、施設、病院、父母、母子行政関係者など、四百名を越える熱気はすごかった。

学術的で現実的な方法論は、自閉症者の行動特性、様々な行動障害の原因や意味を理解する上で非常にためになった。参加した養護学校教師や福祉施設関係者などから、ぜひ取り入れたいという声があがった。

翌日には、午前中、いくつか施設現場を視察した後、午後からはVTRなどの視聴も交え、筆者たちの実践発表を聞いていただいた。講評、ご指摘、そしてディスカッションと、職員たちにとってはたいへん示唆に富んだ、有意義な勉強の機会であった。この日も前日同様、時間の過ぎるのも忘れるほど、遅くまで熱心にご助言をいただいた。

こうしたノースカロライナ州立大学TEACCH部との関係が構築されて以来、毎年のように、職員を一週間、一〇日間、時に一年の単位でノ

アメリカ・ノースカロライナにてショプラー博士のご家族と

ースカロライナに派遣し勉強させた。ここからもたらされる、最新の情報と勉強の成果は、すぐに療育支援に役立てられ現場に反映された。この蓄積を背景に「第二おしま学園」では、平成五（一九九三）年、「強度行動障害特別支援事業」を開始した。

そして平成六年、大場自らがノースカロライナの実情を視察にアメリカに渡る。とにかく自分の目で実際を見たいというのである。一度言いだすと後には引かない人だったので、大場と筆者、職員三名と通訳一名で、同年四月下旬、アメリカに飛んだ。

向こうでは大歓迎を受け、ショプラー教授主催の臨床心理学教室歓迎昼食会、ホームパーティ招待など、マーガレット夫人をはじめ家族ぐるみで望外のもてなしを受けて、大感激の一週間であった。

研修内容もまたハードであった。

毎日が、朝から午後五時過ぎまでの研修で、各領域のチーフセラピスト、プログラムドクターの解説と講義。また視察現場はグループホーム、一般就労、保護就労、余暇場面等の見学、援助スタッフとのミーティング。親御さんたちのグループとの懇談会も用意されていた。

その親御さんたちとの懇談会の当日、大場はハードなスケジュールで体調を崩していたが、「親御さんたちの話と表情を直接自分の耳と目、言葉で確かめたい」と、筆者がとめるのもきかず出席。周囲の心配をよそに、三時間を越え、午後九時を過ぎても話題がつきずに話し込んでいた。

親御さんの苦労話やＴＥＡＣＣＨとの出会い、将来の夢など、たくさんの生の声を聞き、また現在の「おしまコロニー」の様子など、時間を忘れての意見交換となった。学ぶべきことの多かった視察であった。

こうして培われたTEACCH部とのおつき合いは、侑愛会が代替わりをした今も継続しており、「おしまコロニー」からの職員派遣はもとより、筆者どもが主催する「自閉症セミナー」などへノースカロライナ州立大学TEACCH部からの講師の派遣等、熱心な交流が続いている。

一〇　街の中で暮らしたい

昭和四〇年代後半の頃のこと、「街の中で暮らしたい」という声が、「ゆうあいの郷」にある成人施設を利用している人たちから聞こえてきた。確かに渡島当別にある「ゆうあいの郷」は、十万坪という広大な敷地にあるとはいえ、周辺に施設以外の建物も隣人もない。

昭和四六(一九七二)年、冬場の職場実習がはじまり、街中の職場に就職する人たちが出はじめた。その暮らしを考えて、上磯町七重浜の旧保育園を改修した「はまなす寮」も街の中に用意された。そこに移れる人たちはいい、街中の暮らしができるから。しかし、一般企業で働く力をもたない人たちには就職が難しい。一般就労できない自分たちは、やはりずっと山の中の施設で暮らすことになるのか、という声が出はじめたのである。

一般の就職は難しいけれども、生産性の高い職種と支援があれば、十分に自分たちの力で仕事をすることができる人たちがいる。特に身体障害のダブルハンディをもつために力仕事が難しかったりする人でも、その適性に合う仕事ならできる。働く意欲も十分にもっている。

そうした人たちのために、「新生園」、「明生園」とは別に、働くための施設、授産施設の必要性を感じはじめた矢先に「自分たちも街の中で暮らしたい」という声が出はじめたのである。

昭和五〇年に、函館市内に開設した「函館青年寮」は、利用者の人たちの「街で暮らしたい」という声から生まれた施設なのである。

当初、この「函館青年寮」は「ゆうあいの郷」に建てられる予定であった。すでに建設申請も「渡島当別」で申請中であった。しかしそのような声が大場の耳に届くと、即座に建設場所の変更を検討させた。申請中であっても函館市内に「授産施設」を作ると譲らなかった。急遽、土地を求め手に入れることができたのが、現在の「函館青年寮」のある函館市石川町であった。

当時はまだこの周辺も函館市内とはいえ、ジャガイモ畑であった。畑の周辺をキジが飛びまわっていたことを今でも覚えている。

しかしまたもう一つ大きな問題が生じた。地域住民の施設建設反対運動である。建設予定の隣に市立の保育園があった。住民はそれを懸念した。住民の「障害」に対する偏見・差別の意識が、ここでも持ち上がった。

町内会の会合に何度も顔を出し、住民たちが心配するようなことはないし、まして侑愛会は、保育園も幼稚園ももっていて、障害をもった方々との交流は日常的なことであることなどをお話した。そうした説得と「おしまコロニー」の実績が功を奏して、反対運動は沈静化した。施設ができてから、隣の保育園の園児たちは、よく施設のグラウンドに遊びにくるようになった。危惧するようなことではなかった。

「函館青年寮」は、当初五〇名定員でスタートした。函館市内にあるという利点をいかして、二〇名の通所部門も併設された。

この「函館青年寮」は、当時としてはよく考えられた建物であった。現実度の高い暮らしを作るための生活構造を意識しての設計であった。

まずは、大きく「生活」と「作業(日中活動)」を分けて、担当する職員も「生活支援員」「作業支援員」とその職域を明確にし、それぞれ独自に運営管理にあたれるように「職住分離」が意識された。また生活する「寮」は、四つのユニットとして独立し、それぞれのユニットが独自の寮運営を小集団でできるようにした。施設全体を一元管理する「大舎制」が主流の当時としては、画期的ともいえる構造をもったものだった。また授産活動は、収益性の高い作業の導入を図り、工賃を利用者に還元することを考えた。

当時の施設は、人里離れた場所に多くおかれていたということもあるが、「自給自足」という考え方が一般的であった。農耕や畜産といった作業の収穫物は、直接、施設で消費されていた。しかし、「函館青年寮」は北海道の施設として初めて、作業収益を利用者一人ひとりに「還元金」として現金支給した。

この利用者の現金収入は、また新たな暮らしの広がりをもたらした。施設から一律に支給されていた日用品から、自分で購入して好みのものに変えることができた。

石鹸、シャンプーといった本当に些細な日用品であったが、自分たちが働いて得たお金で、自分の好みのものを、休日に街の商店に出かけ、選び、購入する。

そうした小さなことの一つひとつが、「与えられる生活」から、「自分の暮らしを自分で作り上げる」という自立心を育む暮らしへと変えていった。

一般就労の難しいと思われていた人たちを対象に考えられた「函館青年寮」であったが、利用者の自立心は旺盛で、開設して五年ほどは、多い年には二〇名を越える人たちが通勤寮「はまなす寮」へ移行し、一般企業へ就職するという激しい動きを見せた。

この地域生活への移行と展開は、地域の暮らしの場である「生活寮」「グループホーム」を函館市内に展開する原動力となった。「サポートみずき」といった地域生活をバックアップする支援体制を独自に用意し、施設から地域生活への移行と定着を確実なものにしていった。

大場は、時間を見つけてはグループホームに立ち寄り、そこで暮らす人たちの顔を見るのが好きだった。開設当時に、「おしま学園」に入所した子どもが、コロニーのいくつかの成人施設を経由して、今は成人となってグループホームで暮らしている、そんな人を見つけると、本人が照れるのをかまわず、頭をなでながら「出世したな、出世した」と自分のことのように喜んでいた姿が今も脳裏に焼きついている。

今では地域の小規模住居での暮らしは、あたり前の時代になりつつある。大いに喜んでいるのではないかと思う。

また、地域生活展開と平行して、「函館青年寮」の開設は、もう一つ大きな流れを作り出した。それは「通所部」による在宅支援の拡充である。

昭和五〇(一九七五)年、開設当初、通所部二〇名の定員が埋まるのに一年を要した。ニーズは希薄だった。それほど障害をもった人が「家庭から施設に通う」という形になじみがなかった。全道でも筆者たちのところを含めて、札幌、旭川、函館で計四ヵ所の通所施設しかなかった。路線バスに乗車して通勤すると、奇異の目で見られたりもした時代であった。

ある時大場は、職員にこう尋ねたという。

「函館青年寮通所部の定員は、いつ、入所の定員を超えるようになるんだろうね?」

親元から毎日、「函館青年寮」に通ってくる人たちの数が、いつになったら「函館青年寮」に入所している人の数を超えるようになるのか、という質問だった。担当者は答えに困ったという。それを見て「いつか、施設に入っている人たちより、親元から通所する人たちの数が増えて、逆転すると良いねぇ。この人たちにとって家庭が一番安心できる場所だから」と言ったという。

これほど目立たぬ通所施設の存在ではあったが、昭和五四年、養護学校義務化以降、大きくクローズアップされはじめる。学校卒業後、学校に通う延長線上に通所施設をとらえるようになったからである。「障害者は入所施設へ」という世間一般の風潮が大きく変わりはじめていた。「家から通う」という生活スタイルが定着しはじめていた。

「函館青年寮通所部」は、年々増加する利用ニーズに応えるため、定員増で対応してきた。平成に入って、入所施設「函館青年寮」の定員七〇名と並ぶ規模となった。そのため通所授産施設「ワークショップはこだて」と「函館青年寮通所部」に分割。いくつかの地域で運営してきた作業所を「ワークショップはこだて」の分場として組み込みながら、分場を統合させ、新たな通所施設として展開させていった。その一つが、現在、北斗市久根別で活動している「クッキーハウス」である。その後「クッキーハウス」の分場から「ワークセンターほくと」が誕生していく。

また「函館青年寮」と「ワークショップはこだて」の改築に伴って、これらを分割して、入所施設「侑ハウス」と通所施設「おしま菌床きのこセンター」が新たに「おしまコロニー」の施設として加わった。

「いつ入所の定員を超えるようになるんだろうね？」と尋ねてから三五年を経て、二〇名の「通所部」が、今や五ヵ所の通所事業所として函館市、北斗市で展開され、その定員規模は当初の一〇倍、二百名を越えている。「おしまコロニー」において時代の変遷を受けて、最も大きくその姿を変えてきた領域である。

地域に広くひろがったこれらのブランチは、在宅をはじめ、ケアホーム等で暮らす人たち、自立生活する人たちの、地域生活の道標として今後も姿を変えながら活動していくことになるだろう。

大場は、理事長職を、長男大場公孝に譲った後も、亡くなるまでこの変化の激しい「函館青年寮」の園長を勤めていた。亡くなった時はちょうど改築の途上で、完成を待たずに亡くなった。この時の改築はただの建物の建て替えではなく、「侑ハウス」「おしま菌床きのこセンター」といった新しい施設を作りながら、古い施設を分割する作業だったので、全体としてはかなり大がかりなものであった。

そうした難しさがあったため、大場が亡くなった後は、一時、現場を離れていた筆者が平成一一(一九九九)年、「函館青年寮」の園長を引き継いだ。数年かけての大がかりな改築だったが、大きな混乱もなく無事済ますことができた。静かに見守ってくれたからだろうと思っている。

これが筆者の現役最後の仕事となった。平成一五(二〇〇三)年三月、現場が落ち着くのを見はからって、この改築を花道に現役を引退させてもらった。昭和二八(一九五三)年の七重浜保育園開設からちょうど五〇年、半世紀にわたる現役生活の終止符であった。

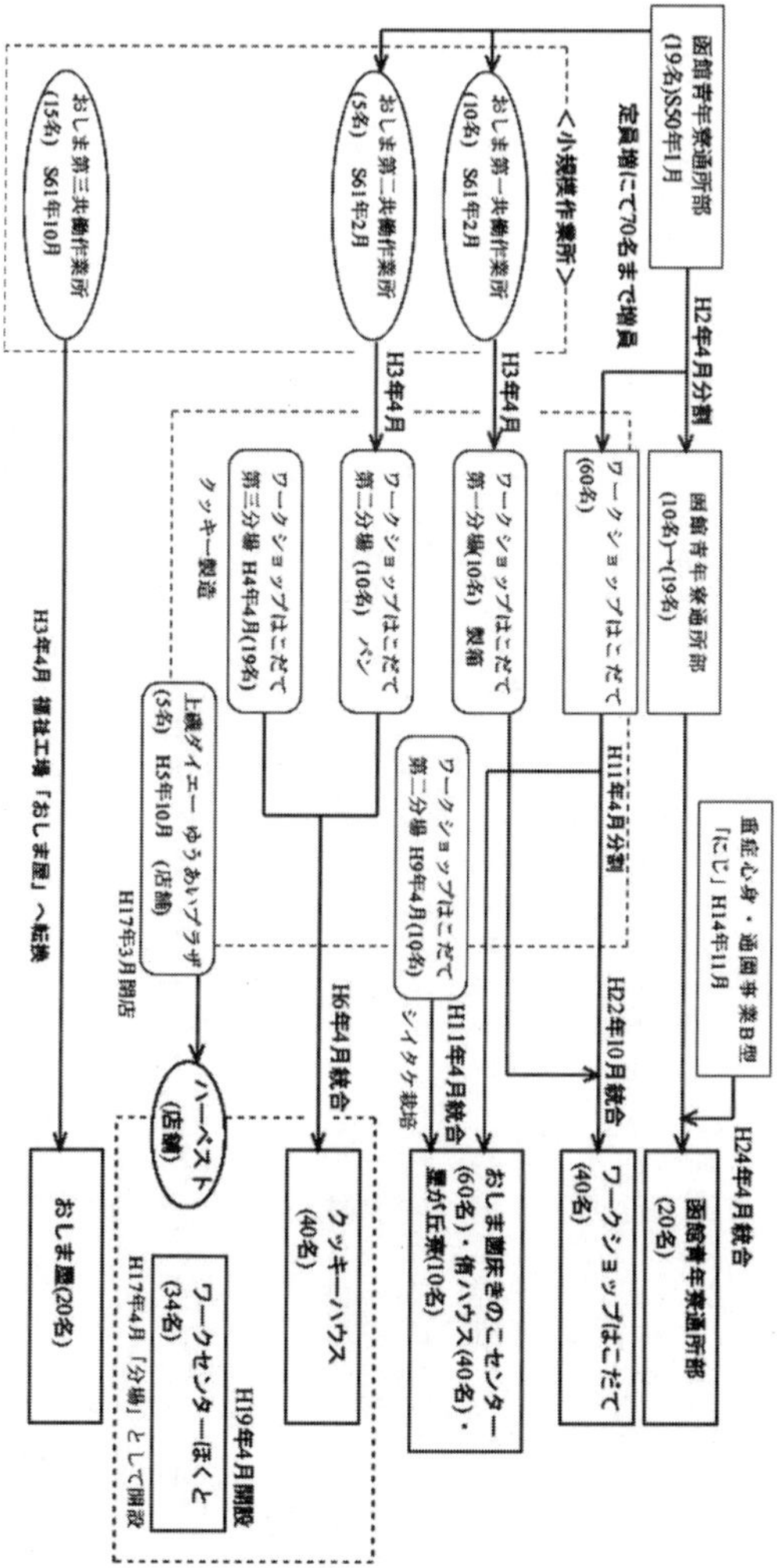
函館青年寮通所部 (19名)S50年1月
定員増にて70名まで増員
H2年4月分割
<小規模作業所>
おしま第一共働作業所 (10名)　S61年2月
おしま第二共働作業所 (5名)　S61年2月
おしま第三共働作業所 (15名)　S61年10月
H3年4月
H3年4月
函館青年寮通所部 (10名)→(19名)
ワークショップはこだて (60名)
ワークショップはこだて 第一分場(10名)　製菓
ワークショップはこだて 第二分場 (10名)　パン
ワークショップはこだて 第三分場 H4年4月(19名)
クッキー製造
上磯ダイエー ゆうあいプラザ (5名)　H5年10月　(店舗)
H17年3月閉店
ワークショップはこだて 第二分場 H9年4月(10名)
シイタケ栽培
重症心身・通園事業B型 「にじ」H14年11月
H11年4月分割
H22年10月統合
H24年4月統合
H11年4月統合
H6年4月統合
H3年4月　福祉工場「おしま屋」へ転換
函館青年寮通所部 (20名)
ワークショップはこだて (40名)
おしま菌床きのこセンター (60名)・侑ハウス(40名)・星が丘寮(10名)
ハーベスト (店舗)
クッキーハウス (40名)
ワークセンターほくと (34名)
H19年4月開設
H17年4月「分場」として開設
おしま屋(20名)

おしまコロニーにおける通所施設の変遷過程

二　高齢者を支える

昭和五一(一九七六)年一〇月、高齢者施設「侑愛荘」を「ゆうあいの郷」に開設した。

高齢者を対象とした知的障害者の施設は、全国にもほとんどなく、当時としてはきわめて先駆的な試みであった。

いずれ人は歳をとる。老いは平等である。だれにも避けられない。生まれてから死を迎えるまで、障害をもった人たちの人生は、多くの場合、継続的な支援を必要とする。その必要な支援を、生涯にわたり提供しようと、「おしまコロニー」は活動してきた。

大場は「生涯教育」という言葉で自らの理念を表現した。人の終末、人生の締めくくりである高齢期というステージをいかに過ごすか、それを抜きに「おしまコロニー」の完成はない。高齢期、そこに大きな関心をもつのは当然のことでもあった。

当時、すでに各成人施設の利用者の中に、六〇歳を超える人たちが出はじめた。また地域で自立生活を営んでいた人たちの中にも、リタイヤを迎える年齢の人たちの存在もある。昭和四七(一九七二)年頃にはすでに「研究室」(＊2)が中心となり、高齢者の施設支援のあり方、コロニーとしての対応といったことが集中的に議論され、後には開設準備室へとつながっていった。

＊2　昭和四六(一九七一)年、ゆうあい会診療所の開設にともない、「総合治療訓練棟」を設け、理学的治療や言語、感覚といった分野へのアプローチを進め、その訓練棟に「研究室」も設けられ、最新の療法や情報の収集にあたるだけでなく、コロニー全体の問題や課題を調査整理し、新たな支援体制構築に向けて提言をおこなってきた。メンバーは、各施設から若手職員が選抜され構成されて活動にあたり、現在も「研究室」は、おしまコロニー全体で組織する「常置委員会」の一つとして活動し、職員研修の要として活動している。

そしてもう一つ、これまで社会福祉という制度の恩恵も受けられず、歳をとり、未だ、地域で不自由な暮らしを余儀なくされていた高齢の障害者もまだ多かったのである。

ちょうどその年代の人たちは、戦中戦後、社会が戦争によって大混乱した時期に青春時代を過ごしてきた。苦労を強いられる中で、まさに地を這うように生きてきた人たちである。そうした人たちの存在が少しずつ明らかになってきた。

高齢者施設「侑愛荘」開設は、コロニーの内部事情とこうした地域のニーズを背景として生まれた。

確かに当時は、年齢による「分類」の是非論が論議されていた段階でもあった。高齢者だけを集めた施設となれば、ますます刺激が乏しくなり、老化が逆に進行してしまうのではないかという懸念からであった。

しかし、高齢期の人たちは、それに伴う疾病率増加などの健康上の問題、また稼働能力の低下、生活全般のリズムの変化など、成長期の若い人たちとは生活の様子が違う。違いが生じている高齢者を、一緒に一施設で支援するのは難しい。年代に適した環境と、支援内容がやはりあるはずである。大場は、将来的に、必ず大きな問題として差し迫ってくる「晩年」がいかにあるべきかを、「侑愛荘」という独自の施設を用意し、高齢化に対する展望を探ることを選択した。

歳をとるのは皆平等である。しかしだれもが歳を重ねる「高齢化」と、一人ひとりの「老化」の進み具合は必ずしも相関しているわけではない。高齢な人たちであっても、元気な人たちはたくさんいる。その環境と支援のあり方によって、加齢とともに迫ってくる老化を少しでも遅らせることはできないか。元気で過ごせる時間をできるだけ延ばすことはできないか。大場の「高齢者支援」の関心はそこにあった。

開設当初は、最高齢六八歳、平均年齢で四八歳と、今であれば十分に壮年期の人たちとして通用する。だが、六〇名の人たちの中には、施設入所前には劣悪な生活環境で過ごしてきた人たちも少なくなかった。若い時の無理が身体に現れ、年齢以上に老けた容姿の人たちも多かった。四〇歳代ですでに総入れ歯となった人たちも多くいた。このことだけをとっても、過去の生活習慣、栄養状態、医療等が、いかに不適切であったかを、想像させられる。育ってきた時代と社会環境を考えると、かなり今とは、その年齢から受けるイメージは違っている。

しかし、高齢者だけを集めた施設では、老化が進むのではないかといった施設関係者からの心配は杞憂に過ぎなかった。もともとが、生活経験を積み重ね、苦労しながら、生活の知恵を身につけた人たちである。実際は暮らしに意欲的な様子がいたるところで見られた。

「働くこと」が身体に染みついていた。驚くことに、近くの製材所へ職場実習に出る人まで現れた。就職して自活したいという。就労者を支援する「はまなす寮」にお願いしての体験実習まで試み、一時、七重浜地区に、高齢者のグループホームを開設し、地域生活さえ手に入れる人たちも出た。

「ゆうあいの郷」では、高齢者による、児童施設「おしま学園」の清掃や、成人施設の厨房の手伝いなどは、若い人たちとの日常的な交流の場となっている。がんばる姿は若い人たちの模範にもなっていた。また、夫婦で入所してきた人たちには、夫婦専用の部屋を用意した。

「自律的な暮らし」を保ち続けるには、だれからも必要とされているという「存在感」を確かめ、自覚できる環境が求められる。

そうした基本が守られている限り、生き甲斐をもった老後を過ごすことができる。

身体的老化と精神的老化、この二つのバランスの上に立って、何が「生きる」実感として本人たちが望んでいることかを知り、その実現の方向を模索することこそ、高齢者の「生き甲斐対策」であり、必要であれば地域での暮らしを求めることなどいとわない。

そこに年齢による区切りは、あまり大きな意味をもたないと思えるような高齢者施設「侑愛荘」の姿がしばらくの間、続くことになる。

大場も、昭和五六（一九八一）年当時、札幌での「親の会」の大会で、高齢者対策に関する講演を依頼された際にも、「これが高齢者対策の基本だといえるものは、まだ実感として手に入れていない」という主旨の講演をしている。まだ当時は「元気な高齢者」が「侑愛荘」の中心だったからである

しかし、「侑愛荘」開設からすでに三五年を超えた今は、その当時とは大きく状況が変わりつつあり、介護度が年々高まっている。

すでに大場が亡くなって一五年を経過するが、この亡くなってからの一五年間の変化はきわめて速いものがある。昭和六三（一九八八）年から、筆者は「侑愛荘」の園長をしばらく勤めた。その当時を思い浮かべても老化の進行は予想以上だった。

「これまでの侑愛荘」と、本格的な老化を迎えた人たちが中心となりはじめた「これからの侑愛荘」は、まったく違った様相の施設となっていくようにも見える。たぶん「これまでの侑愛荘」が歩んできた道は、高齢化が少しずつ進む他の成人施設がこれから通る道となっていくだろう。その時、「侑愛荘」のこれまでの経過やその時々の取り組みがフィードバック

されていくことになるのではないかと思う。

そして、「これからの侑愛荘」は、「おしまコロニー」がまだ未体験の領域へのチャレンジとなってくるのではないかと思う。

元気に過ごしてきたお年寄りたちが、いよいよ本格的に介護を必要とする段階となった。その介護度の高まりのスピードは速い。今後の「侑愛荘」は、加速度的に進む「終末」をいかに受け止め、「世の中、まんざら捨てたものじゃない」といってもらえる介護や支援をどう組み立てていくか、「生涯教育」という理念を掲げた大場が「人生の終末のあり方」をじっと注目しているような気がする。

どこまで、「おしまコロニー」は、人の「生」を支えきれるのか、その重く困難な模索がはじまっている。

二 機能共同体ということ

「おしまコロニー」の職員に求められる能力は、自分の担当する部署に精通したスペシャリストとしての資質だけではない。もう一方で「ジェネラリスト」としての資質をもたないと、自分の今おこなっている業務の意味や役割を理解することが難しい。

それは、「おしまコロニー」というたくさんの施設や機関が複雑に入り組む組織では、その「組み合わせ」の意味を理解できないと、個々のニーズに即した支援体制やチームを、そして何より「新しい支援の形」を作り出すことが難しいからである。

この「おしまコロニー」のもつ特質を、大場は「機能共同体」と表現してきた。公に「機能共同体」という言葉が使われたのは、昭和五一(一九七六)年、厚生省心身障害研究報告書に載せられた研究論文が最初である。「施設機能の流動的運用について」と題された大場の論文の冒頭、「はじめに」の文章の中に、「…われわれは、生活共同体であると同時に、機能的共同体であらねばならないと考えている。この立場から、われわれの実践研究をまとめてみた」と書いている。

生涯にわたる一貫した発達保障の場を用意しようとしてきた「おしまコロニー」にとって、「たくさんの施設や機関を保持していること」は、大きな関心事ではなかった。成長を続ける人たちに、その時期に必要とされる支援の場が、切れ目なく用意され、いつでも有機的に活用されることが最もたいせつなことだと考えていた。それができるところが、「おしまコロニー」だという強い自負心をもっていた。そのために各施設の「連携」と利用者の必要な「場」への移行、支援の「継続性」に障害があってはならない。

昭和五六(一九八一)年に大場は、安田生命社会事業団主催の「障害児教育報告会」でシンポジストの依頼を受けた際も、「コロニーから地域社会へ」という演題の中で、そのことに触れていた。

障害児教育報告会・シンポジュームの様子

これらの施設群を見て、気付かれることは、一つとして同じ建物がないことであります。これは特に意図したものではありません。実践から実践への過程で、必要に迫られ、造られていったもので、いわば手造りの施設群といえるでしょう。手造りですから壊すことも容易です。

私どもコロニーの第一の使命は、これらの施設群を機能的により有効に活用することであり、もしこれが、セクト主義に陥り、連携が困難になったら、「おしまコロニー」は、最も必要とされない存在になると思います。現在は、まだ脈をうっているようです。

当時の発言原稿が残っていたので、そこからの引用だが、その場で話を聞いていた筆者も、この「セクト主義」という強い言葉にびっくりした記憶が残っている。

また大場が亡くなる前年に出された記念誌「軌跡Ⅱ」の対談で、若い職員の「機能共同体」とは、という問いに答えてこう語っている。

大きい施設は駄目だというが、「おしま」だからできているということがある。これは機能共同体という考え方から生まれてきた成果だと思う。

一たす一が三になったり、一たす一が四になったり。こうした力を出せるのは一つ一つの施設でなく、合わせて利用者のことを考えるということだと思う。コロニーはたくさんの施設があるので、一人の子が入って来ると全部で考える。機能によってその子に応じた処遇をする。例えば、青年寮の機能を他の施設に入った人にも、というように。また職員もどこへでも行ける。お互いに各施設の特色、機能をすべての人に活用するというやり方で、いろいろな意味において「おしま」はまだ生きていると思う。

昭和五六年の講演の際も「現在は、まだ脈をうっているようです」と語り、晩年の平成九(一九九七)年に出された記念誌でも「「おしま」はまだ生きていると思う」」という。

ことあるごとに大場は「機能共同体」という考えを確認し続けている。コロニーの根底を流れ、組織を一体としてまとめあげてきたその考えを、どれほどたいせつにしてきたかがよくわかる。

ここまで「機能共同体」にこだわりをもち続けてきたのは、発達保障の場としてあるはずの施設が、一方で「施設という器」に障害者を閉じ込めてしまう、隔離の場に変貌してしまう可能性があることを常に警戒していたからである。

人は常に成長と変化を続ける。その変化に合わせて、支援の場も方法も常に更新されていかなければ、人の成長や変化を支えることはできない。保てる機能を、その変化に合わせて流動的に運用し、それぞれの施設や機能の新たな組み合わせや、新しい連携を常に意識していなければ、本当に必要とされ、一歩ステージを高める「支え」を生み出していけない。

施設が、孤立した「水たまり」としてではなく、それぞれがつながった一つの「流れ」として、いずれ地域社会という「海」に注ぐ。よどむことのない清い流れを保つネットワークを「機能共同体」と呼んだのである。「閉じた施設」になることだけは避けたい。世代間、施設間に流動性をもたせ、その「流れ」の健全性を見て大場は、「「おしま」はまだ生きていると思う」と語っている。

「おしまコロニー」を「おしまコロニー」たらしめる「機能共同体」と

いう考えを維持し継承していくためにも、職員には「スペシャリスト」であると同時に、「ジェネラリスト」の視点をもって自分たちの日常を見つめて欲しいと願っている。

どんなに立派な建物の施設であっても、機能共同体という考えを忘れてしまったら、「おしまコロニー」は、ただのがらくたの山になってしまう。

常々、語っていた言葉である。

一三　病気との闘い

大場は、身体の強い人ではなかった。

北海道を出て、東京の大学に行くきっかけも、結核による転地療養であった。幸いそれは治癒にいたって大事にはいたらなかったが、若い時の病気であったので、治ったとはいえ、体力的にはあまり無理が利かなかった。それでも本人は、物事に熱中しはじめると、まわりのことなど目に入らない。まして自分の身体のことなど忘れて、すぐに無理をしては寝込むこともしばしばであった。

特に、一二歳の時に発病した鼻の病気では、実家のある岩見沢から札幌まで搬送され北海道大学付属病院で緊急に手術を受けたこともあった。それでも完治することなく、生涯にわたって悩まされ続け、大きなコンプレックスとなっていた。

昭和三三(一九五八)年、この病気が再発した時には激しい頭痛、運び込まれた市立函館病院での再三にわたる緊急手術でも治らず、「佐藤耳鼻科」での手術で一命を取り留めている。

この頃はちょうどそれまで手がけていた油脂工場が手詰まりになっていた時期でもあって、長く静養し身体を休めていた。身体も精神も休みたがっていたのではないかと思う。

長い人生には、何もかも忘れての休息が必要だと思いながら、筆者は釣りに出かける大場を送り出していた。

そうした充電期間は無駄ではなかった。

心身にエネルギーを蓄える期間があったからこそ、ここまで走り続けてこられたと思っている。ただ無理をすると体調を崩すことは多かった。

当時の写真などを見ると、どれも痩せている。後年の恰幅の良い大場の姿しか知らない人たちがこれらの写真を見ると、にわかには信じられないという顔をする。

鼻の手術から以後は、しばらく手術を伴うような大きな病気はなかったが、昭和五四(一九七九)年、五六歳の時に脳梗塞で倒れる。またそれから一〇年後、平成元(一九八九)年、六六歳の時にも脳梗塞を起こす。

確かに、「おしまコロニー」を開設してから、毎年のように新しい施設や建物が作られ、その忙しさはたいへんだった。特に、昭和四九(一九七四)

年後半から昭和五〇年代前半は、「おしまコロニー」にとって、それ以降中核を成す施設が、矢継ぎ早に立ち上がる時期である。「発展期」といってもいい年代である。

振り返って、大場は「あの頃は楽しかった」と言っていたことを思うと、充実した時間を過ごせていた時期だったとは思う。しかしその充実感とは別に、施設作りの資金繰りをはじめとした難問、課題が山積みであったことも事実で、その加重なストレスは心身に大きな負担になっていた。

昭和五三年に「日本精神薄弱者愛護協会」（現・日本知的障害者福祉協会）の副会長を引き受けてからというものは、全国各地を飛びまわる日々で、忙しさはピークだった。

そうした中で、翌年、五六歳の時に脳梗塞で倒れたのである。しかし不幸中の幸いに大きな後遺症は残さなかったが、「知人の顔を見ても名前が出てこない」。見舞客に失礼だと、見舞いに見えたお客さんには、付き添いの筆者が最初に「〇〇さん、お見舞いありがとうございます」と、まず見舞客の名前を言って、それを聞いていた大場が「○○さん、ありがとう」と応えるといった、笑い話のようなことを夫婦でまじめにやっていたことを思い出す。それもまたリハビリの一つであったと思う。

まもなく現役復帰、またいつもの忙しさの中に飛び込んでいった。それでも長期の出張などの場合は、時間を作っては身の回りの世話と秘書を兼ねて、筆者が同行するようにした。

体調には気をつけながらの仕事振りではあったが、ややもすると無理をする。本人は無理をしているつもりはないのだが、知らずしらずに無理が重なる。昭和五七年には、請われて「北海道精神薄弱者愛護協会」（現・北海道知的障害福祉協会）の会長も引き受け、これまで以上に出歩く機会が増えた。

そして最初の脳梗塞から一〇年ほど経って、また脳梗塞を起こす。今回も大きな後遺症は見られず胸をなで下ろしたが、そろそろ無理はさせられないという思いが強くなった。

この二回目の脳梗塞のことを、日本大学時代の学友が作る「日本大学桜星会」の会報「桜十字星会報」に寄稿して次のように書いている。

昨年春、脳梗塞で倒れ、さすがにショックでした。脳外科入院中、毎朝の看護婦の問診は「あなたの名前は?」「今日は何日ですか?」「ここはどこですか?」等々まったく情けない話です。幸い後遺症も目立たず、ボケを嘆きながら「命びろい」を感謝し、リハビリ人生で最後の締めくくりを期しておりました。ところがたくさんの薬を飲むせいか胃を壊し、エコー検査で肝臓に異常ありということでCT。二〇ミリの影を発見し、癌の疑いで入院精査となりました。結局は単なる血管腫とわかったのですが、数日間は癌を予想してすっかり落ち込んでしまい、遺言めいたものを書いたり、人生一日たりとも惜しくなったり、死の準備のできていないことをあせり、哀れな一週間を味わいました。しかし、今は潰瘍のための点滴に毎日通院中ということです。

やはりこの二回目の脳梗塞で、少しは「自分の身体のこと」「これからのこと」を考えはじめていた。「愛護協会」等の役職を降り、次の世代を担う若い施設長たちにバトンタッチを心がけるようになった。大場に鍛えられてきた職員たちはその役割を立派に引き受けて活躍しはじめた。

この頃から、出張などは夫婦二人で出かけることが多くなった。また外での食事が多かったので、食事制限も徹底しなければならなかった。もう一度、自分を鍛え直そうと四国のお遍路にもでて、回復への努力を続けていた。

平成五（一九九三）年二月、「おしまコロニー」はたいへんな事故を起こしてしまった。「新生園」に隣接する「青雲寮」という小舎の火災によって、三名の利用者の尊い命を失った。悔やんでも悔やみきれない大きな事故だった。今でも思い出すと胸が締め付けられ動悸が激しくなる。悔いは消えない。

社会自立を目指す人たちが、本園から離れた小さな建物で自立訓練を受けるための「青雲寮」は、タバコも認めていた。そのライターからの失火。この大事故で、筆者たちを含めコロニーは大きく動揺した。しかし大場は、遺族はいうにおよばず、迷惑をおかけした関係者へのお詫びに飛びまわった。それはしごく当然であった。すぐに「火災事故調査委員会」を立ち上げ、徹底した原因究明と全施設の防火体制の洗い直しを命じた。茫然自失になりながらも、その重い責任から逃れるものではない。許しを請うことだけの責任ではない。二度と起こしてはならない責任があった。全施設の防火設備の更新、スプリンクラーの設置、夜間勤務体制の見直し、職員の増員、時にあふれる感情に苦しみ、後悔しながら事故処理にあたった。

そうした日々が少し落ち着きはじめた頃、大場は「うつ」になった。普段、他人には見せないが、元々、神経質な性格であった。たいへん繊細な感情をもつ人だった。

「人を助けるために人生をかけてきたにもかかわらず、人の命を奪ってしまった」。その後悔と苦悩は、見るに堪えないほど自分を責めていた。

精神的ダメージは大きかった。

そんな時、長女智子が香港から帰国した。香港で「セブンスデー・アドベンチスト教会」に通っていた彼女は、落ち込んでいた父親を教会に誘った。苦しんでいた大場は、勧められるまま「セブンスデー・アドベンチスト函館キリスト教会」に通いはじめた。教会の大滝功牧師さんのお話に慰めを見いだした。お話をうかがうたびに、激しかった「うつ」症状が少しずつ改善していった。

しかし、痛んだ身体は満身創痍であったことに変わりはない。平成八(一九九六)年には、胆嚢炎で苦しみ「おしまコロニー創設三〇周年記念式典」を欠席したりしたが、ただそうした姿を他人には極力見せることをしない人だったので、周囲にはいつも元気そうな人に見えていたのではないかと思う。

一四　文化を育む・吉川英治文化賞受賞

大きな後悔という重たい石を胸に抱え、いつもその重さを感じながら過ごしてきた中、うれしいこともあった。

平成七（一九九五）年、大場夫婦に「吉川英治文化賞」受賞の知らせが届いた。

これまでも、内閣総理大臣表彰をはじめ、厚生大臣表彰、北海道知事表彰、また全国社会福祉協議会、全日本精神薄弱者育成会（現・全日本手をつなぐ育成会）、日本精神薄弱者愛護協会（現・日本知的障害者福祉協会）といったところから表彰を受けた。これまでの筆者たちが歩んできたその業績を認めていただけたことに対して、いつも望外の喜びと感謝の気持ちでいっぱいであった。

そうした中での「第二九回・吉川英治文化賞」の知らせであった。それも大場個人の受賞ではなく、大場夫婦での受賞だった。

吉川英治文化賞贈呈式

この賞は、財団法人吉川英治国民文化振興会が主催し、講談社が後援する賞で、作家、故吉川英治氏の功績を記念して、国民文化の向上に尽くした人あるいは団体を対象に毎年贈呈されているものだという。

「福祉」の世界では、それなりの先駆性もあったと思うが、「文学」の世界から、筆者たち夫婦の築いてきたその足跡を評価していただいたことに驚きいたく感激した。

知的な障害をもった人たちへの支援は、慈善事業の時代が長く続いた。施しの域を出るものではなかった。社会の理解、受け入れは、貧しいと表現するしかないほどの状況であったと思う。

大場は、障害福祉の世界に飛び込み、障害をもった人たち一人ひとりの暮らしを地域に求め、その支えになろうとした。施設で保護することは難しいことではない。しかしその人たちをもう一度、地域に戻し、新たな一人ひとりの生活を地域社会に作り出した。その障害者自身の「暮らしのあり方」が地域社会を変えていく。そこに人と人との新たな共存の「文化」が育まれていった。

大場は、この受賞の喜びと感謝の気持ちを次のように表現した。

吉川英治文化賞受賞の言葉

「吉川英治文化賞」受賞のお知らせをいただきましたとき、ふと、脳裏をよぎった思いがございます。

それは、知的な障害を有する人たちのなまなましい「生」が、ようやく「文化」という土壌を手に入れ、社会的な認知を受けたという感慨でございます。

特に地域社会におけるその人生は地道であり、力強く生き、すでに福祉という領域を超え「生活文化」そのものを培ってまいりました。それはまさに地域社会を動かし、変革する力ともなり得るものでございます。私どもが四十年に亘って追い求めてきたものは、まさにひとりひとりの「文化的生活」でございます。

その間、必要に応じて、必要欠くべからざる施設を整えてまいりました。知的障害を有する人たちのかたわらに添うことで、多くのことを学び、様々な形となって現在の「おしまコロニー」がございます。私どもの実践活動の源は、彼らの「内なる世界」の中にございます。今回の「吉川英治文化賞」受賞は、精一杯生きる彼らの人生そのものへの祝福であり、大きな光明を与えてくださいました。

今後も、だれもが隔たりなく暮らすことのできる地域社会を求めて、共に精進し続けたいと存じます。誠に有難うございました。

大場茂俊
大場　光

大場は、後年、この受賞を記念して「この人達こそわが師」と刻ませた碑を「ゆうあいの郷」に建てさせた。障害をもった方々との出会いによって、学びの多い人生を過ごさせてもらったことへの感謝の気持ちからであった。

そして、平成九（一九九七）年には、「勲五等瑞宝章」を賜った。

宮中にて天皇陛下にお言葉をかけていただいたことをたいへん喜んで、来る人来る人に、その話をしていた。

みんな叙勲のお祝いで、これからもがんばれっていうんだよ。でも天皇陛下だけは、よくこれまでがんばってこられましたね、これからは若い人たちに託して、ゆっくり過ごしてください、といわれたんだ。

大場にとっては、身に染みるお言葉となった。無我夢中で走り続けてきた人生への一つの節目をこの叙勲に見いだしていたのだろうと思う。

後日、この叙勲のお祝いの席を、職員たちが企画し用意してくれた。偶然にもその日、そのホテルの別会場では、「ねむの木学園」の宮城まり子さんの講演会がちょうど開かれていた。叙勲のお祝いを隣でやっていることを聞きおよんだ宮城まり子さんが、ぜひ、お祝いをいいたいと、講演会の合間をぬって、祝賀会場にいらっしゃって、お祝いの言葉をいただいたことも、忘れられない思い出である。

「こうしてたくさんの方々に、お祝いしてもらえるのは、これが最後かな」といいながら、出席者、お一人お一人のお顔を拝見し、かけてくださるお言葉の一つひとつを噛みしめ、胸に刻んでいたあの時の満面の笑みが、今も脳裏をよぎる。皆様への感謝の気持ちでいっぱいだったと思う。

一五　腹部大動脈瘤発症、そして死

　叙勲のお祝いをいただいてから、半年も経たないうちに、大場は、腹部大動脈瘤手術のために入院する。大動脈瘤の場所が悪く、少し変形しているという診断だったので、息子公孝の出身大学でもあった、東京医科大学の付属病院で手術を受けることとし、平成一〇（一九九八）年三月五日に入院した。

　病院では毎日、検査の連続だったが、土曜・日曜日は、検査もなかったので、医師の許可を得て、少し出歩いた。これまで筆者たち夫婦は、スケジュールに追われる日々だったので、「何もない」ということが、手術を前にしながらとはいえ、とても新鮮に感じられた。

　筆者たちは、入院から手術までの一ヶ月半ほどを、飛び飛びだったが、日光、箱根・芦ノ湖、淡路島、神戸と二人で旅行した。「富士山の見えるところに行こう」というので、芦ノ湖畔のホテルに宿を取り、タクシーで芦ノ湖を一周し富士山も眺めた。富士山の雄大な裾野の広がりを十分楽しむことができた。そして芦ノ湖のブルーはとてもすばらしかった。二人の旅の思い出と共に芦ノ湖の「碧さ」が目に焼きついている。

また、神戸には、「どうしても行かなければならない」と言いだして、関西まで足を伸ばした。手術直前の旅だったが、淡路島、数日後に開通予定の「明石大橋」を巡り、目的地の神戸へ。大場にとって「神戸」は特に思い入れの深い街だった。キリスト教社会事業家として著名な「賀川豊彦」が活動していた街だったからである。若い頃、「賀川豊彦」を敬愛し、神戸の貧民窟を歩くほどに傾倒していたと聞いていた。

齢七十を越え、明日にも手術を受けるという時に、あの坂の多い街を歩いた。

ここ数年、足の運びにも不自由な状態だったが、それまでの人生を振り返り、もう一度、身体に刻み込んでおこうとするかのように、歩く姿は執念さえ感じさせるものだった。この小さな旅行は、筆者たち夫婦にとって心安らぐ神が与えてくださった至福の時間だった。

そのようなおり、娘に勧められて通っていた「セブンスデー・アドベンチスト函館キリスト教会」の大滝功牧師が、わざわざお見舞いに訪ねてくださった。その大滝牧師の顔を見るなり、突然真剣な顔で「自分にバプテスマ(洗礼)を受けさせてください」と言いだした。筆者も、大滝牧師も、突然の申し出に驚いた。びっくりしている、そんな筆者たちをよそに、大場は真剣であった。

望みどおり大場は、大滝牧師から病床でのバプテスマを受けさせていただいた。

それが手術日の三日前の出来事だった。

入院先から、キリスト教社会事業家「賀川豊彦」の足跡を訪ねて神戸を歩き、若き日の「内村鑑三」など、キリスト教とのかかわりは、ある意味で運命的なものだったのかもしれないと、今振り返るとそう思う。

四月六日は手術日、次の日にはＩＣＵ(集中治療室)からも離れ、一般病棟に戻った。経過は順調。意識もはっきりしていた。

手術から、一一日目。何本もの管を体につけ気管切開をしていたら、話もできないだろうと、ドクターがボードを用意してくださった。筆談をしようという。

ドクターが、何か書いてごらんとボードを差し出すと、「Ｈａｐｐｙ」、「Ｈａｐｐｙ」とはっきり二度書いた。そしてそばにいるドクターたちに、にっこりと笑いかけた。

この時は、幸せな気分だったのだろうと思う。

その後、三日間ほど車椅子で院内散歩をするまでに快復した。しかし、順調に快復しているかに見えたのもつかの間、「敗血症」を併発し容体が急変。懸命の治療もおよばず、平成一〇（一九九八）年四月二五日、天に召された。当年、七五歳であった。

それは、自宅に戻ることを、なんの疑いももたず、あたり前のように信じていた筆者にとって、本当に辛い別れだった。その思いは、家族も、ま

おしま学園にて

た「おしまコロニー」の職員たちも同じであったろうと思う。

せめてもう一度、函館へ戻りたかった、戻してやりたかったと思う。どんな時でも、どこにあっても、一瞬も心から離れることのなかった、あの「ゆうあいの郷」に、もう一度、立たせてやりたかった。

亡くしてからというもの、喪失感と、なんともいわれぬ虚脱の時間は、なかなか払拭できるものではなかった。逆に忘れようとする必要などないと気がつくと、気持ちが落ち着いたものである。

それでもまだ筆者には、「おしまコロニー」を次の世代に引き継ぐというたいせつな仕事が残っていた。感傷に浸っている暇もまたなかった。

もう大場はいない。静かに見守ってくれている。

思い返すと、亡くなった年、いつになく北海道の春は早かった。いつもなら五月のゴールデンウィークを過ぎて咲く北国の桜が、すでに四月下旬には花をつけて、東京から戻ってきた大場を迎えてくれた。

桜の花が散る中の葬儀だった。なぜか今はそうした些細なことを思い出す。

それは「送り」の風景に、神が寄せてくださった「ねぎらいの桜」だったのかもしれない。神に助けられ守られた人生だった。

一六　後を継ぐ者

大場の晩年の悩みは、後継者問題であった。ここまで大きくなった「おしまコロニー」を自分に替わってまとめあげていくことは容易なことではないと、十分過ぎるほどわかっていたからである。

中国、唐の太宗がいったとされる言葉をまとめた『貞観政要』にある有名な一節「創業は易く守成は難し（そうぎょうはやすくしゅせいはかたし）」をよく持ち出しては、心を痛めていたこともある。

「創業は易く守成は難し」、この言葉は「新しく事業を起こすことも難しいが、その事業を維持し発展させるのはさらに難しい」という意味である。

強い思い入れと情熱で一気に走ってきた創業者からすると、行く末を託す次の世代に苦労などはかけたくない。しかし安定した経営には、並々ならぬエネルギーが必要であることは想像に難くない。それを引き継ぐことができるのは、やはり長男で医師の「大場公孝」しかいない。

まだ大学の医局にいた長男を、侑愛会がもつ二ヵ所の診療所のドクターとして迎え入れるところから、それをはじめた。それは昭和六〇年代初頭であった。その後、北海道に戻ってきた大場公孝は、父茂俊を補佐する「副理事長」となる。平成一〇（一九九八）年四月、体調を崩しがちの父茂俊に替わって、「社会福祉法人侑愛会」「学校法人ゆうあい学園」の二代目理事長として就任した。またその妻、靖子も、常務理事として大場公孝を補佐することになった。東京都の高校教師という経験を土台に、新しい「おしまコロニー」を教育者として展望する視点が新たに加わることになった。

その就任が、平成一〇年四月一日、ところが先代の理事長、大場茂俊は、その月の二五日に亡くなる。就任直後に、創業者であり後ろ盾としてバックアップしてくれるはずの父を失ってしまった。たいへん大きな痛手であった。まだ「おしまコロニー」のなんたるかを引き継いではいない。まさにこれからという時に失ったのである。

しかし、父親から受け継いでいる「不退転の覚悟」は、そこからはじまった新しい「おしまコロニー」の難局を切り抜けてきた。

継続中の「函館青年寮」を中心とした函館市石川地区の改築、「おしま菌床きのこセンター」「侑ハウス」の開設からはじまり、市町村障害者生活支援センター「ぱすてる」、自閉症・発達障害支援センター「あおいそら」、重症心身障害児者通園事業Ｂ型「にじ」、居宅介護等事業「やまびこ」、職場適応援助者支援事業（ジョブコーチ支援）「すてっぷ」、渡島・檜山圏域障害者総合相談支援センター「めい」といった、地域で暮らすために必要とされる相談事業や支援事業の充実に取り組んだ。

また、「ゆうあい幼稚園」「つくしんぼ学級」「七重浜保育園」といった幼児関連施設と「法人本部事務所」の移転改築と、大がかりな仕事も完了させ、「ワークセンターほくと」といった新しい通所施設も開始。同時に、地域生活の推進に向けて、数多くのケアホームを地域に展開してきている。

これまで、大場茂俊が作り上げてきたシステムを洗練させ、より現代的にアレンジし、これからの新しい時代に向けての新鮮なビジョンを発信しつつある。

「創業は易く守成は難し」、心配は取り越し苦労であったといえる実践が定着し、今まさに「新しいおしまコロニーの姿」に変わりつつ形作られはじめている。その歩みは衰えていない。

人の支えとなっていくこの事業に「停滞」があってはいけない。支えるべき人たちは歩み続けている。その歩みをとどめてはいけない。共に歩調を合わせ前へ進む。幸せを生むための「暮らし」を、支え続けることが筆者たちの使命である。

だからどのような困難が前にあっても「歩み」をとめることができない。その「継続性」こそがこの仕事のたいへんさだと筆者は思っている。そしてすでに道は引き継がれた。

歩み続けることの苦しみを大場も筆者も味わってきた。しかし不思議と守られてきた。

今振り返ると、信じることを信じるままに貫くこと、その一途な強さこそ万難を排する源だった。これは世代を問わず不変だろう思う。

これからも「おしまコロニー」に集った次を担う若者たちが一つになっ

て、信じるままに進んで欲しい。これからの新しい「おしまコロニー」が楽しみである。

「一以貫之」（一を以て之を貫く）
大場茂俊、生涯にわたっての座右の銘である。

神の導きを感謝いたします。

おわりに

保育園園長の理事長が、ある日、園児や保母さんがいない小さな運動場で、ひとりペンキ缶を手に、床に白線を引いておりました。

わが心の備忘録にしっかり刻まれている光景です。

その木造りの小さな保育園の壁に「子供は大事にするものだ」と、筆書きの紙が貼られておりました。

大場茂俊が亡くなった後、みなさんに想い出を語っていただいた「追想集」に、今は亡き武田幸治さんが書かれた文章です。

なんの飾りもない言葉。あまりの素っ気なさ。それでいてまっとう過ぎる言葉の力に、今でも貫かれる感覚を覚えます。

「子供は大事にするものだ」


人への愛おしさというのは、どこからくるものなのでしょう。

湧きだす思いはどこから…。

湧きだす思いで満たしていたい。

心を愛おしさで満たしたい。

そうした自分を感じていたい。


大場は「人」に恵まれたと思います。支えられました。

みなさんの「人への愛おしさ」が集まって、障害をもった方々を、共に支えていただきました。利害ではなく、理屈でもなく、共感によって。

多くの人たちの思いが「おしまコロニー」で重なり、個性豊かな感性が共鳴しました。喜びも苦悩も、つきない後悔さえ織り込まれた世界を、共に受けとめていただきました。

あらためて一緒の時間を過ごさせていただきましたこと、皆様には心から感謝申し上げます。

そして願わくは、不思議なほどの「縁」と「出会い」が、これからも障害をもった方々の願いに一歩でも近づいていけますように…。愛おしさが大きく広がりますように…。

祈りたいと思います。

この本の執筆にあたりましては、北海道社会福祉史研究会顧問・平中忠信氏から親切なご助言ご指導を賜りました。また平中氏には平素より「おしまコロニー」を見守っていただき、折に触れご指導をいただいてまいりましたこと、この場をお借りしてお礼申し上げます。

なおこの原稿、資料の整理には、侑愛会職員・石堂正宏氏の協力をいただいただきました。
また編者津曲裕次先生、大空社の西田和子氏には、丁寧なご指導をいただき感謝申し上げます。

平成二五年七月　文月のさわやかな風渡る日に

大場　光

療育支援体系図

成人期

新生園	90名
明生園	50名
星が丘寮	60名
ワークショップまるやま荘	50名
函館青年寮	40名
侑ハウス	40名
ねお・はろう	60名

高齢期

侑愛荘	80名

＜地域生活＞

函館・七重浜地区	久根別地区	当別地区
サポートはまなす	サポートカーム	サポートかわつき

一般住宅

グループホーム・ケアホーム

＜生産活動＞

ワークショップはこだて	40名
函館青年寮	
侑ハウス	
クッキーハウス	50名
おしま屋	20名
新生園製函部門	
星が丘寮	
ワークショップまるやま荘	
おしま菌床きのこセンター	60名
一般事業所	

＜創作・リハビリ活動＞

ワークセンターほくと	40名
函館青年寮通所部	40名
明生園	
新生園	
ねお・はろう	

侑愛荘

渡島圏域障害者総合相談支援センター「めい」
檜山圏域障害者総合相談支援センター「めい」
ヘルパーステーション「ルーチェ」
［居宅介護事業・移動支援事業］

- 短期入所事業：ショートステイ
- 日中一時支援事業

- 短期入所事業：ショートステイ
- 日中一時支援事業
- 生きがい活動支援通所事業「生き活きゆうあい」

ゆうあい会診療所

おしまコロニー

乳幼児期

おしま地域療育センター　一日平均 5〜6 名

つくしんぼ学級　40 名

七重浜保育園	120 名 +20
浜分保育園	120 名 +20
当別保育園	20 名
ゆうあい幼稚園	160 名

児童期

おしま学園　40 名

道立七飯養護学校おしま学園分校

市立石別小・中学校

発達障害者支援センター「あおいそら」
障害者生活支援センター「パステル」
［コミュニケーション支援事業・障害者地域活動緊急介護人派遣事業含］

障がい者生活支援センター「アシスト・ほくと」
障がい者就業・生活支援センター「すてっぷ」
ヘルパーステーション「やまびこ」
［居宅介護事業・移動支援事業］

主な在宅支援関連

- 児童発達支援事業
- 障害児保育事業（他、保育関連事業有）
- 子ども発達支援事業
- 日中一時支援事業

- 短期入所事業：ショートステイ
- 日中一時支援事業

ゆうあい会石川診療所　・

全職員 750 名　侑愛会、ゆうあい学園
本年度採用 45 名

おしまコロニーの主な施設・機関一覧

当別地区（北斗市当別）

おしま学園（福祉型障害児入所施設（主たる障害：知的障害））
ねお・はろう（障害者支援施設）／星が丘寮（障害者支援施設）
新生園（障害者支援施設）／明生園（障害者支援施設）
ワークショップまるやま荘（障害者支援施設）／侑愛荘（障害者支援施設）
夢（地域交流ホーム）
ゆうあい会診療所
当別保育園（保育所）

久根別地区周辺（北斗市久根別）

クッキーハウス（障害福祉サービス事業所）
ハーベスト（店舗）
クッキーハウスⅡ（障害福祉サービス事業所）
ルーチェ（居宅介護事業・移動支援事業）
ワークセンターほくと（障害福祉サービス事業所）
アシスト・ほくと（障害者生活支援センター）

七重浜地区周辺（北斗市七重浜）

七重浜保育園（保育所）／浜分保育園（保育所）
おしま屋（障害福祉サービス事業所）
サポートはまなす
つくしんぼ学級（児童発達支援センター）
ゆうあい幼稚園（幼稚園）
おしま菌床きのこセンター（障害福祉サービス事業所）
侑ハウス（障害者支援施設）
侑愛会・法人本部

石川地区周辺（函館市石川町）

函館青年寮（障害者支援施設）
函館青年寮通所部（障害福祉サービス事業所）
おしま地域療育センター（指定児童発達支援事業）
ゆうあい会石川診療所
ワークショップはこだて（障害福祉サービス事業所）
すてっぷ（道南しょうがい者就業・生活支援センター）
やまびこ（居宅介護事業・移動支援事業）
あおいそら（発達障害者支援センター）／ぱすてる（障害者生活支援センター）
めい（渡島・檜山圏域障がい者総合相談支援センター）
※各地区に「ケアホーム」43ヶ所（2013年4月現在）が展開され活動している。

引用・参考文献

大場茂俊編『七重浜保育園創立10年記念誌』七重浜保育園　1963年10月

ほほえみ会事務局編『昭和52年度　第一回ほほえみ賞入選論文集』1977年5月

妹尾正編『昭和51年度厚生省心身障害研究報告書・精神薄弱児（者）の治療教育に関する研究』1977年12月

大場茂俊編『社会福祉法人侑愛会創立35周年・おしまコロニー開設20周年記念・記念誌・軌跡』社会福祉法人侑愛会　1987年10月

大場茂俊著『施設から社会へ・障害児療育の思想と実践』第一法規出版　1987年10月

出雲井晶著『地図にない村』日本教文社　1988年6月

おしまコロニー地域生活支援センター編『写真で綴る20年史　施設から社会へ』1991年1月

武田幸治・手塚直樹共著『知的障害者の就労と社会参加』光生館　1991月7月

日本大学桜星会編「桜十字星会報」No.38～40　1994年4月

佐々木正美監修、内山登紀夫ほか編『自閉症のトータルケア・TEACCHプログラムの最前線』ぶどう社　1994年9月

武田幸治著『生きる・支えつつ支えられて』ぶどう社　1996月5月

大場茂俊編『社会福祉法人侑愛会創立45周年・おしまコロニー開設30周年記念・記念誌・軌跡Ⅱ』社会福祉法人侑愛会　1997年10月

野上芳彦著『シリーズ福祉に生きる5　糸賀一雄』大空社　1998年12月

社会福祉法人侑愛会大場茂俊追想集編集委員会編『この人達こそわが師・大場茂俊追想集』社会福祉法人侑愛会　1999年4月

11月、勲五等瑞宝章を賜る。

平成10(1998)75歳

3月5日、腹部大動脈瘤で東京医科大学付属病院へ入院。31日、社会福祉法人侑愛会・学校法人ゆうあい学園の理事長職を長男公孝にゆずり名誉理事長となる。

4月6日、腹部大動脈瘤の手術を受ける。25日、敗血症により死去。

従六位に叙する。

9月、「精神薄弱の用語の整理のための関係法律の一部を改正する法律」公布。10日、衆院本会議「精神薄弱」の用語を「知的障害」に改める法案を可決（18日参院可決、平成11年4月1日施行)。

身体障害者福祉法による身体障害者相談員及び知的障害者福祉法による知的障害者相談員の設置について。

平成5(1993)70歳

2月、新生園小舎「青雲寮」で火災事故、尊い3名の人命を失う。 4月、「第二おしま学園」「強度行動障害特別処遇事業」の指定を受け着手。 9月、「おしま学園」全面改築に着手。 10月、ダイエー上磯店に店舗「ゆうあいプラザ」開店。	4月1日、厚生省、知的障害者施設入所者の地域生活移行促進を通達、知的障害者通所授産施設に定員2割以内で身体障害者の受け入れを通知。 4月、「強度行動障害特別処遇事業の取扱いについて」通知。

平成6(1994)71歳

3月、職員1名を一年間、アメリカ・ノースカロライナ州立大学TEACCH部に留学させる。 4月、「ワークショップはこだて」二カ所の分場を統合し、通所施設「クッキーハウス」を開設。妻光と職員でノースカロライナ州にてTEACCHの実際を視察し、ショプラー博士から歓迎を受ける。 8月、「新生園」全面移転改築。	6月23日、厚生省社会・援護局長、地域福祉総合推進事業の実施について通知。

平成7(1995)72歳

4月、「第29回吉川英治文化賞」を夫婦で受賞。 11月、日本精神薄弱者愛護協会愛護福祉賞受賞。	1月17日、阪神・淡路大震災。

平成8(1996)73歳

1月、老人デイサービス事業「かがやき荘」開設。 4月、福祉ホーム「つぐみ荘」開設。函館大谷短期大学客員教授。 12月、「学校法人ゆうあい学園」、天皇陛下より御下賜金賜る。	厚生省、「障害児（者）地域療育等支援事業実施要綱」通知。知的障害者施設入所者の地域生活移行促進を通達。

平成9(1997)74歳

4月、ワークショップはこだて第二分場（菌床きのこ）を開設。 10月、社会福祉法人侑愛会開設45周年・おしまコロニー開設30周年記念式典。地域交流ホーム「夢」開設。	12月、介護保険法公布（平成12年4月施行）。 知的障害者更生施設及び知的障害者授産施設の分場の設置運営について。

昭和63(1988)65歳	
4月、地域療育センター、函館市心身障害児通園事業開始。 11月、自閉症者施設「星が丘寮」開設。	10月27日、中央児童福祉審議会、「重症心身障害児（者）に対する通園・通所事業の推進について」意見具申。
平成元(1989)66歳	
春、2回目の脳梗塞で入院加療。 7月、おしまコロニー最初のグループホーム「みはら荘」開設、以後毎年数ヵ所ずつグループホームが地域に展開されていく。	5月、「精神薄弱者地域生活援助事業（グループホーム）の実施について」通知。
平成2(1990)67歳	
4月、函館青年寮通所部の分割により「ワークショップはこだて」として変更、認可。 10月、全日本精神薄弱者育成会会長表彰を受ける。	この年、建設省、福祉の街づくりモデル事業創設、知的障害者授産施設に分場方式設立。
平成3(1991)68歳	
4月、小規模作業所「たいさん」を北海道初の福祉工場「おしま屋」に転換する。 4月、2ヵ所の小規模作業所を「ワークショップはこだて」分場として再編。 10月、全日本精神薄弱者育成会会長表彰を受ける。アメリカ・ノースカロライナ州立大学「ＴＥＡＣＣＨ部」の創設者、エリック・ショプラー博士をお招きし、おしまコロニーの視察と特別セミナーを開催する。以後毎年、職員をノースカロライナに派遣しＴＥＡＣＣＨプログラムの習得を目指す。	4月1日、厚生省、知的障害者のグループホーム事業を創設。 11月22日、全国自立生活センター協議会（ＪＩＬ）発足。
平成4(1992)69歳	
4月、「ワークショップはこだて」第三分場（クッキーハウス）を開設。全国初の公営住宅でのグループホーム「いしべつ荘」開設。明生園を「明生園」「ワークショップまるやま荘」の2施設に分割して全面改築。 常陸宮殿下・同妃殿下にご視察賜る。 12月、総理大臣表彰を受ける。	3月、文部省「通級学級に関する調査研究協力者会議」、軽度障害児を対象に普通学級と特殊学級の中間的な在り方として「通級」制度を提言。

昭和58(1983)60歳

4月、「学校法人ゆうあい学園」、天皇陛下より御下賜金を賜る。ライオンズクラブ国際協会、331-C地区第一リジョンゾンチャーマン。

11月、社会福祉法人侑愛会開設30周年記念事業。

6月、厚生省、在宅心身障害児（者）療育事業実施要綱施行。

昭和59(1984)61歳

4月、「社会福祉法人侑愛会」、天皇陛下より御下賜金を賜る。北海道立七飯養護学校おしま学園分校、新築校舎にて授業開始。法人経営の自立者用下宿「おしま荘」を生活寮（北海道単独事業）に変更。

6月、NHK厚生事業団より「精神薄弱者の結婚について」研究委託を受ける。

6月、身体障害者雇用促進法改定（知的障害者も実雇用率の算定対象とする。法定雇用率1.5%から1.6%へ）。

昭和60(1985)62歳

4月、社会福祉法人「けやきの郷」理事。函館青年寮園長就任。「地域療育センター」開設、センター内に「ゆうあい石川診療所」開設。

5月、「ゆうあい会診療所」精神科開設、長男公孝（医師）、月2回の診察開始。

5月、「知的障害者福祉工場の設置及び運営について」通知。

昭和61(1986)63歳

2月、小規模作業所「おしま第一共働作業所」開設。

4月、函館市社会福祉協議会評議員。

9月、小規模作業所「おしま第二共働作業所」開設。

10月、小規模作業所「おしま第三共働作業所・だいさん（食堂・弁当）」開設。

4月、男女雇用機会均等法施行。

昭和62(1987)64歳

3月、「ゆうあいの郷」から国道へつながる道路（町道）が完成する。

10月、社会福祉法人侑愛会開設35周年・おしまコロニー開設20周年記念式典。

11月、厚生大臣表彰を受ける。

5月26日、社会福祉士及び介護福祉士法公布。

8月、「精神薄弱者社会自立促進モデル事業の実施について」通知。

8月、北海道社会福祉協議会会長表彰を受ける。	
昭和53(1978)55歳	
4月、日本精神薄弱者愛護協会副会長（1988年まで)。「ゆうあい養護学校高等部」開校。 5月、年長自閉症児施設「第二おしま学園」開設。 9月、ＪＩＣ主催、アジア諸国の研修生受け入れを開始。	
昭和54(1979)56歳	
3月、「ゆうあい会診療所」歯科診療開始。 4月、「母子訓練」、北海道単独事業として補助を受ける。 4月、「函館青年寮通所部」が併設から新たな単独施設として認可。「ゆうあいの郷」に北海道立七飯養護学校おしま学園分校開校。 8月、北海道知事表彰を受ける。 脳梗塞で倒れ入院加療。	4月、文部省、養護学校教育義務制実施。 7月、知的障害者福祉ホーム制度発足。厚生省「精神薄弱者福祉ホームの設置及び運営について」通知。
昭和55(1980)57歳	
3月、ゆうあい養護学校高等部「寄宿舎」完成。 4月、「第二おしま学園」、第二種自閉症児施設に変更認可。 11月、全国社会福祉協議会会長表彰を受ける。 12月、「浜分保育園」開設、侑愛会3ヵ所目の保育園。	2月、厚生省「保育所における障害児の受入れについて」児童家庭局長通知。 3月、児童福祉施設最低基準の一部改正（第二種自閉症児施設新設)。 7月、心身障害児（者）施設地域療育事業実施要綱施行（施設のオープン化事業)。
昭和56(1981)58歳	
7月、自立者のための下宿「おしま荘」を開設。 9月、国際障害者年渡島地区記念行事を後援。 11月、上磯町社会福祉功労賞を受ける。	1月、国際障害者年開始。 8月、「障害児を普通学校へ」全国連絡会結成。
昭和57(1982)59歳	
4月、北海道精神薄弱者愛護協会会長（1988年まで)。北海道社会福祉協議会理事。上磯ライオンズクラブ第三代会長。	佐々木正美・神奈川県小児療育センター所長によって「ＴＥＡＣＣＨプログラム」が日本に紹介される。

昭和49(1974)51歳	
1月、通勤寮「はまなす寮」認可開設、敷地内に「実習寮」「自立アパート」を開設し「アフターケアセンター」とする。	4月22日、厚生省、在宅障害児指導事業（巡回バス）実施要綱施行。
4月、北海道教育大学函館分校非常勤講師。	6月22日、特別児童扶養手当法改定公布。
12月、「学校法人ゆうあい学園」設立、理事長となる。おしま学園、幼児（3歳児）の受け入れ開始。	
昭和50(1975)52歳	
1月、精神薄弱者更生施設「函館青年寮」開設、「通所部」併設、園長就任（函館市石川町）。	12月、国連・障害者の権利宣言（国連総会決議3447・第30回会期）。
2月、母子訓練センター完成、本格的な母子訓練開始。渡島地区手をつなぐ親の会連絡協議会会長（1998年まで）。	
4月、函館大谷短期大学非常勤講師。日本精神薄弱者愛護協会理事。「ゆうあい幼稚園」開校。	
8月、幼児通園施設「つくしんぼ学級」開設。	
昭和51(1976)53歳	
5月、おしま学園、短期入所（3ヶ月サイクル）用の幼児寮設置。	8月8日、全国障害者解放運動連絡会議（全障連）結成大会。
6月、現任研修会を開始、毎年2回開催とする。	
7月、「ゆうあいの郷」に小公園「おしまコロニー愛の泉」完成。	
9月、当別保育園、本格的なおしま学園入園児の受け入れ開始。	
10月、高齢者施設「侑愛荘」開設。社会福祉法人「渡島福祉会」理事（1998年まで）。	
11月、函館青年寮体育館完成。	
昭和52(1977)54歳	
1月、養護学校高等部開設準備室設置。	「精神薄弱者通所援護事業」実施。
4月、年長自閉症児施設・仮称「侑愛学舎」設立陳情開始。北海道精神薄弱者愛護協会副会長。	
7月、おしまコロニー小講堂完成。	

昭和43(1968)45歳

1月、精神薄弱者更生施設「新生園」開設。

4月、「施設内特殊学級（障害児学級）」開始。

7月、第一回運動会開催。

9月、七重浜保育園創立15周年記念式典。

10月、精神薄弱者更生施設「明生園」開設。


6月、北海道、伊達市に総合援護施設「太陽の園」を開設。

12月、全国知事会、コロニー制度要望。

昭和44(1969)46歳

3月、各施設の「たより」を統合して、法人機関誌「ゆうあい」第一号を発行。

4月、上磯町手をつなぐ親の会会長（1998年まで）。

5月、畜産センター完成（牛舎・豚舎・鶏舎）。


児童福祉法改定、重症心身障害児童施設が法定化。

昭和45(1970)47歳

4月、南北海道精神薄弱者愛護協会会長(1988年まで)。

5月、給食センター完成。


10月、国勢調査、日本の人口1億人突破。

昭和46(1971)48歳

1月、七重浜保育園移転改築（上磯町七重浜391番地）。

6月、ゆうあい会診療所開設「ゆうあいの郷」。

7月、通勤センター「はまなす寮」開設（未認可、旧七重浜保育園跡）。


5月27日、児童手当法公布(昭和47年1月施行)。

12月、厚生省「精神薄弱者通勤寮設置運営要綱」施行。

昭和47(1972)49歳

1月、就労自立者の会「はまなす会」結成。

9月、おしま学園体育館完成。

昭和48(1973)50歳

4月、北海道精神薄弱者育成会理事。上磯町社会福祉協議会理事。高等部特別学級として夜学を開講。明生園に「社会適応訓練小舎・のぞみ寮」を開設。製パン工場完成。

7月、新生園に「社会適応訓練小舎・青雲寮」を開設。

9月、民間社会福祉施設団体業務改善表彰「努力賞」を受賞。

9月、当別保育園、小規模保育園に変更認可。


11月20日、文部省、昭和54年度より養護学校義務制を実施すると発表。

昭和36(1961)38歳	
日本社会事業大学編入。 上磯町民生児童委員（1966年まで）。	2月、厚生省「精神薄弱者援護施設基準」公布。
昭和37(1962)39歳	
北海道教育大学函館分校聴講生となる。	4月1日、文部省、特殊教育課を設置。
10月、七重浜保育園創立10周年、協賛会発足。	
昭和38(1963)40歳	
6月、社会福祉法人侑愛会設立、理事長となる。欧州視察旅行。	4月1日、養護学校学習指導要領通達。
昭和39(1964)41歳	
	10月、東京オリンピック開催。
昭和40(1965)42歳	
	12月、心身障害者の村（コロニー）懇談会、重症障害児（者）の総合施設プランの意見書を厚生大臣に提出。
昭和41(1966)43歳	
7月、日本電信電話公社（現・ＮＴＴ）の土地建物の譲渡を受け、当別保育園を開設、園長となる。 8月、渡島当別開拓者村の土地の一部、高山豊治から350坪譲り受ける。	3月、厚生省、わが国最初の重症心身障害総合収容施設「心身障害者の村（コロニー）を群馬県高崎市に建設することを決定。 7月、心身障害児（者）コロニー建設のための建設推進懇談会発足。
昭和42(1967)44歳	
2月、新たな電電公社払い下げの土地に精神薄弱児施設「当別学園」の設立を目指すが、地元の反対により計画は頓挫する。 購入済みの開拓者村の土地へ建設を変更。 10月1日、おしまコロニー最初の施設「おしま学園」開設、園長となる。	8月1日、児童福祉法改正、重症心身障害児童施設を追加、肢体不自由児・重症心身障害児の施設入所年齢延長。

昭和24(1949)26歳 6月、大谷光（てる）（札幌市在住）と結婚。	12月、身体障害者福祉法公布。
昭和25(1950)27歳	3月、厚生省「保育所運営要綱」実施。 5月、現・生活保護法公布。 6月、朝鮮戦争勃発。
昭和26(1951)28歳 3月、北海道上磯郡上磯町（現・北斗市）七重浜に五稜製油株式会社を設立し代表取締役となる。自宅を上磯町七重浜に移し、両親を呼び同居。	3月、社会福祉事業法公布。 5月、児童憲章制定。 夏、糸賀一雄、農業コロニー構想をもって「渡島当別」を視察。 9月、サンフランシスコ講和条約締結。
昭和27(1952)29歳 3月、長女智子（ともこ）出生。	8月1日、文部省初等中等教育局に特殊教育室設置。
昭和28(1953)30歳 9月、自宅を改装して七重浜保育園創設、園長・父大場吉太郎。	
昭和29(1954)31歳 9月、洞爺丸台風で七重浜保育園の屋根が大破。	9月、台風15号（洞爺丸台風）により青函連絡船・洞爺丸が転覆、犠牲者多数。
昭和30(1955)32歳 3月、長男公孝（まさたか）出生。	
昭和33(1958)35歳 上顎蜂窩織炎のため入院手術、一命を取りとめる。 五稜製油株式会社、三興商会倒産、閉鎖。	4月、学校保健法公布、知能検査実施。
昭和35(1960)37歳 1月、父大場吉太郎死去、七重浜保育園園長となる。	1月、日米安保条約調印。 3月、精神薄弱者福祉法公布。

大場茂俊年譜及びおしまコロニー年表

年・歳／事項	周辺の出来事
大正12(1923)0歳 4月9日、北海道樺戸郡月形村（現・月形町）に、父吉太郎、母シゲの長男として出生。	8月、盲学校及聾唖学校令制定。 9月1日、関東大震災。
昭和10(1935)12歳 小学校6年生時、鼻の病気で高熱を出し岩見沢市より北海道大学付属病院へ搬送される。	
昭和16(1941)18歳 3月、北海道岩見沢中学校（現・岩見沢東高校）卒業。	5月、全国児童愛護実施要綱制定。 12月、真珠湾攻撃、太平洋戦争開戦。
昭和18(1943)20歳 9月、日本大学予科修了、同校法文学部法律学科進級。	3月、軍事扶助法改定公布。
昭和19(1944)21歳 9月、厚木海軍航空隊入隊。	9月30日、文部省、神仏基3教の統合を図り「大日本戦時宗教報国会」を設立。
昭和20(1945)22歳 8月、終戦、退役。	8月、第二次世界大戦終戦。
昭和21(1946)23歳 9月、日本大学法文学部法律学科卒業、物価庁事務官に着任。	11月、日本国憲法公布。
昭和22(1947)24歳 4月、物価庁事務官を退職。 5月、精華育英会理事長・金子家綱死去、二代目理事長となる。	3月31日、教育基本法・学校教育法公布（養護学校・特殊学級を規定。4月1日施行）。 12月、児童福祉法公布。
昭和23(1948)25歳 4月、大場製油有限会社創立（函館市若松町）。	2月、ＮＨＫ、テレビ本放送開始。 7月13日、優生保護法公布。

●著者紹介

大場　光（おおば・てる）

1925年、北海道札幌市生まれ。札幌市立高等女学校卒業。知的・発達障害児者を支援する総合施設・おしまコロニー創設者・大場茂俊の妻として、その創業を支え、社会福祉法人侑愛会、学校法人ゆうあい学園の常務理事として長く運営に携わる。七重浜保育園、つくしんぼ学級、侑愛荘、函館青年寮各施設の施設長を歴任。平成5年厚生大臣表彰、平成7年には夫妻で第29回吉川英治文化賞を受ける。現在、社会福祉法人侑愛会、学校法人ゆうあい学園顧問。

●編者紹介

津曲裕次（つまがり・ゆうじ）　1936年生まれ。長崎純心大学大学院教授。筑波大学名誉教授、高知女子大学名誉教授。専攻は知的障害者施設史。

一番ヶ瀬康子（いちばんがせ・やすこ）　1927年生まれ。日本女子大学名誉教授。専攻は高齢者・児童・障害者福祉など社会福祉全般。2012年没。

シリーズ福祉に生きる　63

大場《おおば》茂俊《しげとし》

定価（本体二、〇〇〇円＋税）

二〇一三年七月二五日発行

著者　大場　光

編者　津曲裕次　一番ヶ瀬康子

発行者　相川仁童

発行所　大空社

東京都北区中十条四－三－二

電話　〇三（六四五四）三四〇〇

郵便番号　一一四－〇〇三二

http://www.ozorasha.co.jp

落丁乱丁の場合はお取り替えいたします

ISBN978-4-283-00597-6 C0023 ¥2000E

シリーズ　福祉に生きる

◇収録一覧◇

1　山高しげり……………………鈴木聿子　著
2　草間八十雄…………………安岡憲彦　著
3　岡上菊栄……………………前川浩一　著
4　田川大吉郎…………………遠藤興一　著
5　糸賀一雄……………………野上芳彦　著
6　矢吹慶輝……………………芹川博通　著
7　渡辺千恵子…………………日比野正己　著
8　高木憲次……………………村田　茂　著
9　アーノルド・トインビー……高島　進　著
10　田村一二……………………野上芳彦　著
11　渋沢栄一……………………大谷まこと　著
12　塚本　哲……………………天野マキ　著
13　ジョン・バチラー…………仁多見巌　著
14　岩永マキ……………………米田綾子　著
15　ゼノ神父……………………枝見静樹　著
16　ジェーン・アダムズ………木原活信　著
17　渡辺海旭……………………芹川博通　著
18　ピアソン宣教師夫妻／佐野文子……………星　玲子　著
19　佐藤在寛……………………清野　茂　著
20　シャルトル聖パウロ修道女会……………泉　隆　著
21　海野幸徳……………………中垣昌美　著
22　北原怜子……………………戸川志津子　著
23　富士川　游…………………鹿嶋海馬　著